CHAQUE PIÈCE, 20 CENTIMES. UNE PIÈCE PAR SEMAINE.

MAGASIN THÉÂTRAL ILLUSTRÉ.

A LA LIBRAIRIE THÉÂTRALE.
BOULEVART SAINT-MARTIN, 12.

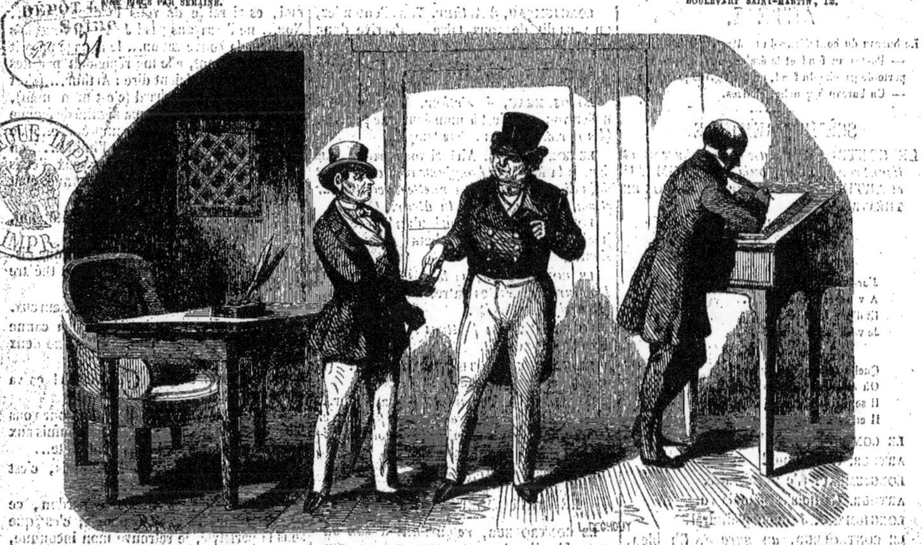

LE BOURREAU DES CRÂNES

COMÉDIE-VAUDEVILLE EN TROIS ACTES, PRÉCÉDÉE D'UN PROLOGUE

PAR MM. LAFARGUE ET SIRAUDIN

REPRÉSENTÉE, POUR LA PREMIÈRE FOIS, A PARIS, SUR LE THÉÂTRE DU PALAIS-ROYAL, LE 12 MAI 1853.

DISTRIBUTION DE LA PIÈCE.

LONGJUMEAU, ancien artificier.	MM. SAINVILLE.	UN GARÇON DE THÉÂTRE.	
COQUELET, rentier, ancien militaire.	LHÉRITIER.	MADAME COQUELET (Pulchérie).	Mlles THIBERET.
ARTHUR FLANCHARD, fils d'un propriétaire de la Bour- gogne.	RAVEL.	EUGÉNIE (Madame Dumesnil), jeune veuve, fille de Long- jumeau.	LAMBERT.
BAPTISTE, domestique chez Longjumeau.	LUCIEN.	ROSINE, bonne chez Coquelet.	H. BAILLY.
LE CONTROLEUR DU THÉÂTRE DU PALAIS-ROYAL. . .	ALLARD.	Invités.	

PROLOGUE.

L'orchestre du théâtre du Palais-Royal.

SCÈNE PREMIÈRE.

(On joue l'ouverture. Après un certain nombre de mesures, elle s'arrête au bruit d'une dispute.)

ARTHUR, assis dans une stalle, LONG-JUMEAU, venant se placer devant Arthur, debout.

LONGJUMEAU. Je vous répète, monsieur, que j'ai le numéro vingt-trois, et que cette stalle est la mienne.

ARTHUR. Et moi, monsieur, je vous confirme que j'ai aussi le numéro vingt-trois, et que je garde cette stalle.

LONGJUMEAU. Mais, monsieur... voici mon coupon... Je suppose que vous savez lire?...

ARTHUR. Oui, monsieur... j'ai appris autrefois... et il m'en est resté quelque chose.

LONGJUMEAU. Monsieur, déguerpissez au plus vite, ou je vous jette dans l'orchestre des musiciens.

ARTHUR. Vous me menacez!... Eh bien, monsieur, je vous préviens que je suis ici depuis le commencement du spectacle, et que je n'en sortirai que par la force des baïonnettes.

LONGJUMEAU. Ah! monsieur, vous parodiez bêtement un mot célèbre... Voulez-vous me rendre ma stalle, oui ou non?...

ARTHUR. Eh bien, non, mille fois non!...

LONGJUMEAU. C'est votre dernier mot?...
(Il le saisit au collet.)

ARTHUR. Voulez-vous bien me lâcher!...
(Une lutte s'engage, dans laquelle Longju-meau finit par donner un soufflet à Arthur.) Ah! un soufflet!

SCENE II.

LES MÊMES, UN GARÇON DE THÉÂTRE.

LE GARÇON DE THÉÂTRE, à Longjumeau et à Arthur. Suivez-moi, messieurs...

ARTHUR. Monsieur, j'ai été giflé...

LE GARÇON DE THÉÂTRE. Vous vous expliquerez autre part. (A Longjumeau.) Allons, marchez!...

LONGJUMEAU, au garçon de théâtre. Je marche, ne me bousculez pas; je marche...
(Ils sortent. L'orchestre exécute une fois seul le chœur suivant, pour donner aux trois personnages du prologue le temps de re-monter sur la scène. Pendant ce temps-là, le rideau se lève.)

ACTE I.

Le bureau du contrôleur du théâtre du Palais-Royal. — Portes au fond et latérales. Au milieu de la porte de gauche du fond, un petit grillage de caisse. — Un bureau à gauche, chaises.

SCÈNE PREMIÈRE.

LE CONTROLEUR, *assis à son bureau et lisant son journal, puis* LONGJUMEAU *et* ARTHUR, *amenés par* UN GARÇON DE THÉATRE.*

ENSEMBLE.

AIR *de Moïse.*

ARTHUR.

J'arriverai, je jure,
A venger mon affront!...
Et d'une telle injure
Je veux avoir raison !

LONGJUMEAU.

Quelle étrange aventure !
Où nous emmène-t-on ?
Il se plaint d'une injure,
Il en aura raison !

LE CONTROLEUR. Qu'est-ce que c'est ?

ARTHUR. C'est inouï !

LONGJUMEAU. C'est arbitraire.

ARTHUR. Ça ne s'est jamais vu.

LONGJUMEAU. Je m'en plaindrai.

LE CONTROLEUR, *au garçon.* Eh bien, qu'est-ce donc ?

LE GARÇON DE THÉATRE. Ce sont deux personnes qui se sont disputées dans la salle, et dont l'une a donné un soufflet à l'autre.

LE CONTROLEUR. Ah ça, messieurs, voulez-vous avoir la bonté de m'expliquer le motif de votre querelle ? (*Le garçon de théâtre sort.*)

ENSEMBLE.

LONJUMEAU.

Oh! mon Dieu! c'est bien simple ; figurez-vous que j'arrive à l'orchestre du Théâtre du Palais-Royal...

ARTHUR.

En deux mots, je vais vous mettre au courant : imaginez-vous que j'étais à l'orchestre du Théâtre du Palais-Royal...

LE CONTROLEUR. Parlez l'un après l'autre.

ARTHUR. C'est juste !

LONGJUMEAU. La remarque de monsieur est pleine de sens.

LE CONTROLEUR. Allons, au fait.

LONGJUMEAU *et* ARTHUR. Voilà ce que c'est...

LE CONTROLEUR. Encore!

ARTHUR. Je demande à m'expliquer le premier.

LONGJUMEAU. Moi, comme je ne tiens pas à me servir de la rédaction de monsieur... (*montrant Arthur*) je désire me faire entendre avant lui... Voici le fait... Tenez, figurez-vous que voici l'orchestre... monsieur était placé là, au numéro vingt-trois, lorsque je suis arrivé muni de mon coupon...

ARTHUR. Et moi aussi, j'étais muni de mon coupon... je demande à parler le premier.

LONGJUMEAU. Pardon... je demande la parole pour un fait personnel.

LE CONTROLEUR, *à Longjumeau.* Mais taisez-vous donc !

LONGJUMEAU, *à Arthur.* Vous l'entendez, on vous dit de vous taire... J'arrive donc muni de mon coupon...

ARTHUR. Mais puisqu'on vous dit de vous taire...

LONGJUMEAU, *à Arthur.* De quoi vous mêlez-vous?... c'est à monsieur que je parle. (*Ils parlent tous en même temps.*)

LE CONTROLEUR. Ah! si vous parlez tous deux à la fois !... (*Longjumeau, dans le fort de la dispute, prend la sonnette du contrôleur et sonne. Le garçon de théâtre rentre.*)

LONGJUMEAU. Ah! quelqu'un! on va faire justice de la faconde verbeuse de ce monsieur...

LE CONTROLEUR, *se levant et désignant Longjumeau.* Faites entrer monsieur... ici. (*Il désigne la droite.*)

LONGJUMEAU, *se frottant les mains.* Oh! il ne l'a pas volé !...

LE GARÇON DE THÉATRE. Allons! (*Il empoigne Longjumeau.*)

LONGJUMEAU. Permettez, il y a erreur... permettez ! (*Le garçon de théâtre fait entrer Longjumeau dans la pièce à droite et s'éloigne.*)

SCÈNE II.

LE CONTROLEUR, ARTHUR.*

LE CONTROLEUR, *retournant à son bureau.* Là, j'espère que nous serons tranquilles...

ARTHUR. Espérons-le !

LE CONTROLEUR, *s'asseyant.* Et maintenant, expliquez-moi, mais vite, en deux mots.

ARTHUR. Oh! mon Dieu..... c'est bien simple... voulez-vous des détails ?...

LE CONTROLEUR. Le moins possible.

ARTHUR. Une narration succincte vous suffit?... Très-bien... Je suis parti, hier de Châlons... J'avais pris le chemin de fer..... Ah!... c'est de Châlons-sur-Saône que je veux parler... Ne pas confondre avec celui sur Marne...

LE CONTROLEUR, *se résignant et prenant son journal.* Abrégez, monsieur... abrégez!

ARTHUR, *à lui-même.* C'est juste... j'oubliais que les détails vous étaient indifférents. (*Continuant.*) Mon père, sous prétexte de recouvrements, pour vins de Bourgogne, me fit donc partir, hier, pour Paris... Mais, si je devine le fond de la pensée de mon auteur, c'était plutôt pour m'envoyer chez un sien ami, sis à Paris, rue des Marmousets... lequel ami a une fille à marier, quoique veuve, et dont il rêve de nouvelles nopces à mon profit...

LE CONTROLEUR. C'est bien !... développez... (*Il se retourne.*)

ARTHUR, *à part.* Ce monsieur est bizarre, il veut, il ne veut pas... Développons... (*Haut.*) J'étais dans les premières, les diligences, tout seul, lorsqu'à... (*très-fort*) Tonnerre! (Yonne), quatre mille deux cent quarante-deux habitants... une femme... quand je dis une femme, j'ai tort, un ange, monsieur!... un ange, moins les ailes... vint se placer dans mon compartiment... (*Le Contrôleur se lève impatienté.** — A part.*) Je semble intéresser vivement ce monsieur.. (*Haut.*) L'effet que sa vue produisit sur moi, essaierai-je de vous le dépeindre?... Non... ne l'essayons pas ! Je tentai vingt fois de nouer la conversation... le nouage ne prit pas... seulement, elle me répondait par des sourires qui semblaient dire : Arthur... (c'est mon prénom) Flanchard (c'est mon nom), je vous comprends, mais ma dignité de femme m'oblige à ne pas vous comprendre... Je compris son silence..... et je l'imitai..... en dormant... Quand je rouvris les yeux, j'étais au débarcadère..... et mon inconnue était partie.

LE CONTROLEUR. Avez-vous bientôt fini, monsieur ?

ARTHUR. Je touche à la fin... Pour dissiper mon ennui, * je me rends au théâtre du Palais-Royal...

LE CONTROLEUR. Ah! c'est bien heureux.

ARTHUR. J'entre... je dépose ma canne au bureau des parapluies... je donne deux sous...

LE CONTROLEUR, *impatienté.* Oh! ça va recommencer !

ARTHUR. Je vous signale ce fait pour vous faire voir que je suis entièrement soumis aux ordonnances... je sors dans l'entr'acte...

LE CONTROLEUR, *de même.* Mais, c'est inutile !

ARTHUR. Je vous demande pardon, ce n'était pas inutile... et la preuve, c'est que sous le péristyle, je retrouve mon inconnue, ô chance !... elle entre au théâtre.

LE CONTROLEUR, *impatienté.* Ah! (*Il sonne, le garçon de théâtre paraît.*) Faites passer monsieur dans cette pièce. (*Il désigne le cabinet où Longjumeau est enfermé.*)

LE GARÇON DE THÉATRE. Allons, passez.

ARTHUR. Je passe... mais ne poussez pas.

LE GARÇON DE THÉATRE. Marchez donc plus vite que ça...

ARTHUR. Je marche... mais ne poussez pas. (*Il entre à gauche.*)

SCENE III.

LE CONTROLEUR, LONGJUMEAU, LE GARÇON DE THÉATRE. **

LE CONTROLEUR, *au garçon de théâtre.* Vite, allons, à l'autre.

LE GARÇON DE THÉATRE, *ouvrant.* Sortez!

LONGJUMEAU. Peut-on entrer?

LE GARÇON DE THÉATRE. Puisqu'on vous dit de sortir...

LONGJUMEAU. C'est juste, puisqu'on me dit de sortir, j'entre...

LE CONTROLEUR. A vous, monsieur; soyez bref... (*Le garçon de théâtre sort.*)

LONGJUMEAU. Oh! monsieur..... je serai bref... que vous allez en être étonné... et vous vous direz à part vous : Mon Dieu, que voilà un homme qui est bref!...

LE CONTROLEUR. Allons... allons...

LONGJUMEAU. Je suis père de famille...

LE CONTROLEUR. Il m'importe peu.

LONGJUMEAU. Je le crois... J'ai fait mon service de garde national pendant vingt-sept ans... et si je n'ai pas été gradé, c'est que je ne l'ai pas voulu...

CONTROLEUR, *impatienté.* Après?

LONGJUMEAU. Je suis un homme de *cinquinte ains*...

LE CONTROLEUR. Ah! vous êtes de Saint-Queutin?

LONGJUMEAU. Non!... je suis de Saint-Germain... Mais j'ai *cinquinte ains*.

LE CONTROLEUR. Ah! vous avez cinquante ans?

LE GARÇON DE THÉATRE, *rentrant*. On vous demande au théâtre, tout de suite.

LE CONTROLEUR. C'est bien... j'y vais... (*A Longjumeau*.) Je reviens dans un instant... et afin qu'un rapport puisse être remis à l'autorité, préparez vos réponses d'une manière succincte. (*Il sort avec le garçon de théâtre.*)

SCÈNE IV.

LONGJUMEAU, *seul*.

Je ne suis pas fâché qu'il m'ait laissé seul... j'ai besoin de me recueillir... Nous disons donc que j'ai calotté ce monsieur... oh! mais là... aux oiseaux... Ce n'est pas étonnant... je suis artificier, élève de monsieur Ruggieri. De mon frottement continuel avec la poudre et le salpêtre, il est résulté chez moi un vice organique, inhérent à mon état : au moindre mot, au moindre geste, j'éclate comme un pétard ou une fusée ; je prends feu, je brille et je m'éteins de même. Voilà précisément la position dans laquelle je me trouve en ce moment... J'ai éclaté, j'ai calotté ce monsieur d'une façon assez brillante ; mais je suis éteint, je suis totalement éteint. Mais, me dira-t-on, s'il exige une réparation? Je vais répondre à cette observation... Je suis père de famille. J'ai une fille... je dois à cet enfant... je me dois à moi-même de m'éviter l'ombre d'une égratignure... Mais, me dira-t-on encore : Longjumeau... je n'ai pas dit mon nom? Pardon... Longjumeau, rue des Marmousets, n° 11, comment vas-tu te tirer de là, mon bon?... (*Il rit.*) Ah! ah! j'ai un moyen... une recette, que j'ai déjà employée avec succès... Avec cette recette, que je donne gratis à tout le monde, on peut passer pour un foudre de guerre, pour un bourreau des crânes, sans qu'il en coûte un cheveu de la tête ou un poil de la barbe... Voici cette recette... Le premier jour de l'an, vous mettez soigneusement, dans un portefeuille comme celui-ci, toutes les cartes de visite qui sont déposées chez vous par vos amis mâles... amis mâles, je m'explique bien. Et vous vous présentez bravement dans un lieu public ; bien !... très-bien ! — Un monsieur vous regarde de travers ; gifflez !... — Un autre vous marche sur un cor, sans le faire exprès, gifflez toujours!... On vous prend enfin votre stalle, comme ça m'est arrivé ce soir, oh! alors, gifflez plus que jamais!... Quand la chose est faite, nous restons, n'est-ce pas, en face d'un monsieur poltron ou brave?... — S'il est poltron, il s'en va avec sa giffle, et vous avec gloire, et tout est dit. — S'il est brave, et qu'il exige des excuses, vous lui riez au nez... tenez, comme ça... (*Il rit.*) S'il vous demande raison, enfin, alors, vous vous posez sur la hanche, et sortant de votre poche le petit portefeuille en question, vous en retirez une carte... n'importe laquelle... au hasard, et vous lui la donnez majestueusement en lui disant : A demain !... Le lendemain, vous dormez bien tranquillement, tandis qu'on va réveiller le monsieur à la carte... — *Nota bene.* — Pour que le moyen soit infaillible, il est essentiel de ne pas mettre sa propre carte dans le portefeuille. Voilà ma recette, voilà comment j'emploie les cartes de mes amis, sans le moindre scrupule, et vous devez le comprendre :

AIR : *Un page aimait la jeune Adèle.*

On visite ceux que l'on aime,
Et m.s amis m'ont visité.
Or, uu ami c'est un autre nous-même,
Sur lequel j'ai toujours compté.
Puisque souvent un ami vous remplace,
Je puis l'exposer sans regrets,
Et, dès l'instant qu'il se bat à ma place,
C'est comme si je me battais.

SCÈNE V.

LONGJUMEAU, LE CONTROLEUR.*

LE CONTROLEUR. Que d'événements ce soir au théâtre!... Un dame qui se trouve mal... Sortez, monsieur, sortez bien vite!

LONGJUMEAU. Je ne demande pas mieux.

LE CONTROLEUR. Où allez-vous?

LONGJUMEAU. Vous me dites : Sortez... je sors.

LE CONTROLEUR. Eh! non, monsieur, sortez par là... (*Il désigne la droite.*)

LONGJUMEAU. C'est juste... puisqu'on me dit de sortir, j'entre.

SCÈNE VI.

LE CONTROLEUR, EUGÉNIE, LE GARÇON DE THÉATRE.

LE CONTROLEUR, *allant au-devant d'Eugénie.*** Eh bien, madame?...

EUGÉNIE. Merci, je me sens tout à fait remise...*** Si vous étiez assez bon pour me faire avancer une voiture... Mais n'est-ce pas ici qu'on a dû amener tout à l'heure deux personnes?...

LE CONTROLEUR. Qui se sont disputées?...

EUGÉNIE. Et dont l'une a été frappée?

LE CONTROLEUR. Précisément ; ces messieurs sont là tous deux.

EUGÉNIE. Ah! monsieur... j'étais inquiète, bien inquiète ; mais d'un mot vous pouvez me rassurer... L'une des deux personnes est mon père, et malheureusement, je crains que ce soit le plus coupable...

LE CONTROLEUR. Je comprends.

ARTHUR, *à la grille de la porte, à part.* Que vois-je?... Mon inconnue ici !

EUGÉNIE. Je vous en prie, monsieur, faites que cette affaire n'ait pas de suites fâcheuses...

ARTHUR, *de même*. O ange! tu t'intéresses donc à moi!

EUGÉNIE. Pourvu qu'il ne s'expose pas!... qu'un duel...

LE CONTROLEUR. Ne craignez rien, madame...

ARTHUR, *de même*. Pauvre chatte!... Elle craint pour ma po...sition.

LE CONTROLEUR. D'abord, je ne souffrirai pas qu'une provocation ait lieu...

EUGÉNIE. Oh! merci, monsieur, merci...

LE GARÇON DE THÉATRE. La voiture est en bas.

* Le Contrôleur, Longjumeau.
** Eugénie, le Contrôleur.
*** Le Contrôleur, Eugénie.

EUGÉNIE. Je me retire pleine de confiance en vous.

ENSEMBLE.

AIR *des Mousquetaires de la Reine.*

EUGÉNIE.

J'emporte l'espérance
Qui double le bonheur,
Par vous, la confiance
Est entrée en mon cœur,

LE CONTROLEUR et ARTHUR.

Conservez }
Conserve } l'espérance,
Complez }
Compte } sur mon honneur,
Et que la confiance
Reste } dans votre } cœur.
Renaisse } ton }

(*Eugénie sort.*)

SCÈNE VII.

LE CONTROLEUR, *seul*.

Pauvre dame!... je comprends son inquiétude! (*Ouvrant la porte de gauche.*) Sortez, monsieur !... (*Allant à droite.*) Mais, j'espère qu'il ne me sera pas difficile de faire entendre raison à ces deux originaux ! (*Il ouvre la porte de droite.*)

SCÈNE VIII.

LE CONTROLEUR, LONGJUMEAU, ARTHUR.*

LONGJUMEAU, *sortant*. Ah! il me sera enfin permis de m'expliquer... (*Au Contrôleur.*) J'arrive donc à l'orchestre, muni de mon coupon...

LE CONTROLEUR. Taisez-vous!

LONGJUMEAU. Je me tais,... mais à regret, je l'avoue.

LE CONTROLEUR, *à Arthur*. Monsieur, je voudrais vous dire deux mots en particulier.

ARTHUR. Volontiers.

LONGJUMEAU. Je ne puis pas en être?

LE CONTROLEUR. Mais il me semble que non...

LONGJUMEAU. Bien... bien... je demandais, voilà tout.

LE CONTROLEUR. Monsieur, voici les feuilles... les journaux sont très-intéressants. (*A mi-voix à Arthur.*) Monsieur, d'après les renseignements que j'ai pris sur l'affaire qui vous amène ici, je sais que vous êtes l'offensé.

ARTHUR. Si la justice me rend justice, cela me consolera.

LONGJUMEAU, *lisant le journal.* « On écrit de Calcutta au *Times...* »

LE CONTROLEUR, *à Arthur*. Mon devoir est d'éviter qu'une querelle, souvent futile, ne dégénère en une question grave.

ARTHUR. Cependant, monsieur, j'ai été gifflé !

LE CONTROLEUR. Je le sais... Mais si à ma prière se joignait celle d'une dame?

ARTHUR. Une dame!... Je vous comprends.

LONGJUMEAU, *lisant le journal.* « On écrit de Hongrie à *l'Observateur Autrichien...* »

LE CONTROLEUR, *à Arthur*. Ainsi donc

* Arthur, le contrôleur, Longjumeau.

vous consentiriez à ne pas donner de suite à cette misérable affaire?...

ARTHUR. J'y consens. (*A part.*) Je rage... (*Haut.*) Mais j'y consens... (*A part.*) A cause d'elle... pas à cause de... (*Il indique Longjumeau.*)

LE CONTROLEUR. C'est très-bien... Maintenant, laissez-moi dire quelques mots à monsieur... (*A Longjumeau.*) Dites-moi...

ARTHUR. Je ne puis pas en être?*

LE CONTROLEUR. Mais il me semble que non.

ARTHUR. Bien... bien... je demande, voilà tout!

LONGJUMEAU. Ah!... (*A Arthur.*) Voici les feuilles... les journaux sont très-intéressants...

LE CONTROLEUR, *à Longjumeau.* A nous deux.**

LONGJUMEAU. Je vous ouïs!

LE CONTROLEUR. Monsieur, qui m'a fait connaître les incidents de votre querelle...

ARTHUR, *assis, lisant le journal.* « On écrit de Calcutta au *Times*... »

LE CONTROLEUR. Aurait quelque droit de se plaindre de vos procédés envers lui...

LONGJUMEAU. Oh! pour une pareille bagatelle...

LE CONTROLEUR. Laissez-moi finir. Grâce à mon intervention toute pacifique, grâce à l'heureux caractère de monsieur... à sa bienveillance...

LONGJUMEAU. Ah! il est bienveillant! (*A part.*) C'est qu'il canne!

LE CONTROLEUR, *continuant.* Il est décidé à ne pas donner suite à sa plainte.

LONGJUMEAU, *regardant Arthur avec mépris.* C'est un homme charmant... charmant... charmant!...

ARTHUR, *lisant le journal.* « On écrit de Hongrie à *l'Observateur Autrichien*... »

LE CONTROLEUR, *à Longjumeau.* Seulement... il serait convenable... que vous lui dissiez quelques mots en manière d'excuses.

LONGJUMEAU. Des excuses?...

LE CONTROLEUR. Il le faut.

LONGJUMEAU. Puisqu'il le faut...

LE CONTROLEUR, *à Longjumeau.* Soyez convenable... (*A Arthur.*) Il va vous faire des excuses!... (*Il se retire au fond.*)

LONGJUMEAU, *à part.* Voyons donc!... cet homme est un fouinard!... et je lui ferais des excuses!...

ARTHUR, *à part.* Si ce n'était pour plaire à mon ange inédit...

LONGJUMEAU, *s'approchant d'Arthur.*** Monsieur, vous pensez peut-être... que je m'en vais retirer le soufflet dont j'ai disposé en votre faveur?...

ARTHUR. Le retirer... c'est assez difficile... mais vous pourriez...

LONGJUMEAU. Vous faire des excuses... peut-être?...

ARTHUR. Dame!... c'est bien le moins...

LONGJUMEAU. Ah! ah! mais voyez donc comme je ris... voyez donc comme les lignes pures de mon visage offrent plutôt le senti-

* Le Contrôleur, Arthur, Longjumeau.
** Arthur, le Contrôleur, Longjumeau.
*** Arthur, Longjumeau, le Contrôleur.

ment de la gouaille que l'expression d'un homme repentant.

ARTHUR. Mais ce n'est pas ce que monsieur...

LONGJUMEAU, *l'arrêtant.* Silence! Voici le plan que je vous propose.

ARTHUR. Voyons ce plan?

LONGJUMEAU. Nous allons, devant ce monsieur, prendre des semblants de confraternité... nous allons faire errer le sourire sur nos lèvres... nous allons nous étreindre les phalanges comme de vrais amis... Mais, au fond, il n'en sera rien.

ARTHUR. Une rencontre... j'aime mieux ça!...

LE CONTROLEUR. Hein?

LONGJUMEAU, *au Contrôleur.* Nous nous arrangeons, je lui fais des excuses... (*A part.*) Voici le moment de faire usage de mon petit portefeuille, la première venue, n'importe, au hasard. (*Haut à Arthur.*) Monsieur, voici ma carte.

ARTHUR, *prenant la carte et lisant, à part.* * « Monsieur Anatole Coquelet, Maubuée, 15. » (*A lui-même.*) O mon ange, tu ne peux m'en vouloir de ne pas bouder devant une affaire d'honneur.

LONGJUMEAU, *à part.* Il se consulte!...

ARTHUR. Je serai demain chez vous.

LE CONTROLEUR. Vous dites?

LONGJUMEAU. Monsieur viendra me voir; il cultivera ma connaissance. (*A Arthur.*) A demain, cher ami, quelle heure?

ARTHUR. Midi!

LONGJUMEAU. Midi, très-bien, je vous y attendrai!

LE CONTROLEUR. Je suis heureux de vous voir si bien vous entendre...

ARTHUR, *bas à Longjumeau.* Je vais, en sortant d'ici, vous rendre votre gifle toute chaude... en attendant que demain je vous crève le bedon.

LONGJUMEAU. Hein? (*A part.*) Cet homme a de la hyène dans le regard. **

LE CONTROLEUR. Messieurs, je ne vous retiens plus.

ENSEMBLE.

Au final du premier acte de Renaudin.

LE CONTROLEUR.

Enfin, enfin, les voilà réunis,
Je les contemple avec ivresse,
Et je rends grâce à mon adresse
Qui vient de faire deux amis.

ARTHUR.

J'irai! (*bis.*) Je trouverai mon ennemi,
C'est un espoir que je caresse.
Puisqu'à présent j'ai son adresse,
J'espère en avoir plus que lui!

LONGJUMEAU.

Viens-y! (*bis.*) J'esquive un fougueux ennemi,
Avec bonheur, avec adresse;
Il croit posséder mon adresse,
Mais j'en possède plus que lui.

LE CONTROLEUR, *à Arthur.*

De ce côté, monsieur, je vous invite,
(*A Longjumeau.*)
Vous, par ici!   (*Il remonte.*)

LONGJUMEAU, *à part.*

Moi, je sors au plus vite,

* Le Contrôleur, Longjumeau, Arthur.
** Longjumeau, le Contrôleur, Arthur.

En espérant ne plus voir ce faquin...
(*Haut à Arthur.*)
Au revoir, mon cher, à demain.

ARTHUR.

Oui, chez vous, je serai demain.
(*A part.*)   J'irai (*bis.*)
Et je me vengerai,
J'irai (*bis.*)
Et je l'escoñerai.

ENSEMBLE.

ARTHUR.

Mais silence!

LONGJUMEAU.

De la prudence!

TOUS DEUX.

De la prudence!

REPRISE, ENSEMBLE.

LONGJUMEAU.

J'esquive un fougueux ennemi, etc.

ARTHUR.

Je trouverai mon ennemi, etc.

(*Ils se saluent, sortent, l'un par la droite, l'autre par le fond, le Contrôleur reste au milieu.*)

ACTE II.

Chez M. Coquelet.

Un salon. — Porte au fond, portes latérales aux premier et deuxième plans; un guéridon à droite, chaises, etc.

SCÈNE PREMIÈRE.

Mme COQUELET, *entrant, portant un habit et un pantalon sur le bras.*

Encore sorti! pour la onzième fois hier, et pour la septième aujourd'hui!... Ah! monsieur Coquelet, monsieur Coquelet, ces absences multipliées cachent une trahison! (*Elle cherche partout.*) Je ne trouve rien! Ah! si j'avais des preuves, je ne suis qu'une faible femme, mais je concasserais Anatole comme du poivre! Cherchons dans cet habit qu'il avait hier, à son assemblée d'actionnaires... (*Elle fouille.*) Rien encore! si... un cure-dents! (*Après réflexion.*) Cet objet de luxe semblerait indiquer qu'en sortant de dîner ici, Anatole est allé dîner ailleurs... J'éclaircirai le fait; continuons nos fouilles! Ah!... je sens quelque chose d'étrange... des gants blancs; pourquoi des gants blancs? Je m'en empare, et je m'en pare, ils me vont... (*Elle les met.*) Ils sont en agneau, Tour de Nesle, un franc cinquante centimes. Je les aurais préférés en chevreau... mais n'importe l'animal, il faudra bien qu'il s'explique!

SCÈNE II.

Mme COQUELET, ROSINE.*

Mme COQUELET. Eh bien! Rosine?

ROSINE. J'ai cherché dans la toilette de monsieur, je n'ai rien trouvé!...

Mme COQUELET. Quoi! pas une lettre?... C'est bien, continuez à me servir fidèlement, à espionner votre maître, et dans quatre ans, je vous donnerai la robe de soie que je porte aujourd'hui!

* Rosine, Mme Coquelet.

ROSINE. Madame est bien bonne.

Mme COQUELET. Ah! dites-moi; monsieur Coquelet avait-il hier son vieux chapeau, ou son neuf?

ROSINE. Son neuf, madame... il s'était fait *flambant*... Il était tout guilleret... et aimable donc!... Je n'ai jamais vu monsieur aussi aimable que ça!

Mme COQUELET, *sévèrement.* Rosine!... (*Changeant de ton.*) Qu'avez-vous fait de ce chapeau?

ROSINE. Je l'ai brossé et serré dans son carton... et, si madame veut!... (*Elle va pour sortir.*)

Mme COQUELET. Non... j'y vais moi-même!...

SCÈNE III.

ROSINE, puis ARTHUR.*

ROSINE, *seule.* En voilà une qui se donne de l'agrément dans le mariage!... c'est pire qu'un douanier!

ARTHUR, *entrant et lisant une carte.* Monsieur Anatole Coquelet, S. V. P. ?

ROSINE. Il est sorti!

ARTHUR. Allez lui dire que je veux lui parler!

ROSINE. Puisqu'il n'y est pas!...

ARTHUR. Dites-lui, alors, que je l'attends!

ROSINE. Puisqu'on vous dit...

ARTHUR. Oh! assez...** S'il n'est pas chez lui, qu'on me le trouve!...

ROSINE. Madame pourra peut-être vous dire...

ARTHUR. Ah! il a une femme?... Alors apportez-moi sa femme!...

ROSINE. On va la chercher!... (*A part, en sortant.*) Est-il cocasse donc celui-là!

SCÈNE IV.

ARTHUR, seul.

Ah!... il a une femme!... Tant mieux... je ne serais pas fâché de le martyriser dans sa plus chère moitié, en attendant que je le pique dans l'autre... J'ai ce soufflet sur le cœur... c'est-à-dire... (*Il montre sa joue.*) Et j'éprouve le besoin de m'en venger!... Ah! je ne suis pas bien féroce... pourvu que je lui mette pas mal de lame dans son individu, je serai satisfait... et puis ça me fera honneur... ça me posera dans l'esprit de cette belle inconnue... Elle sera flattée, en entendant dire autour d'elle: « Vous voyez ce jeune homme... là-bas... qui passe... ce beau jeune homme?... — Oui... — Eh bien, il a mis pas mal de lame dans la peau d'un individu qui l'avait insulté. —Ah! bah! » Ça fait bien... Eh! mais, à propos... j'ai là une carte... (*Lisant.*) « Mademoiselle Amanda. » C'est une maison où Gustave, un de mes amis, doit me présenter ce soir... Viens-y, m'a-t-il dit, tu t'amuseras, et, ma foi, j'irai... en attendant que je me marie, car je n'aimerais pas à me marier en été... Je me rendrai chez mon beau-père quand la bise sera venue... Holà! eh!... on ne vient pas! (*Il frappe avec sa canne sur les meubles.*) A la boutique!...

* Arthur, Rosine.

** Rosine, Arthur.

SCÈNE V.

ARTHUR, Mme COQUELET.*

Mme COQUELET, *entrant avec un chapeau sous le bras.* Que signifie ce tapage... qui êtes-vous? et que voulez-vous?...

ARTHUR. Je vais vous le dire... mais couvrez-vous, je vous prie!... C'est à monsieur Coquelet que j'ai l'honneur de parler?...

Mme COQUELET. Insolent!...

ARTHUR. Pardon... ce chapeau que vous tenez à la main a pu me faire commettre une erreur, que je regrette..... je m'aperçois maintenant que j'ai affaire à un fragment de la plus belle moitié du genre humain... et je supplie ce fragment de me permettre de m'asseoir!... (*Il s'assied.*)

Mme COQUELET, *s'asseyant aussi.* Au fait monsieur?

ARTHUR. M'y voici... mais couvrez-vous je vous prie... (*Presque chanté.*) Vous avez un mari, madame?...

Mme COQUELET, *de même.* Eh! monsieur, je le sais bien.

ARTHUR, *de même.* C'est un gueux!

Mme COQUELET, *de même.* Monsieur, vous ne m'apprenez rien!...

ARTHUR. Si... je vais vous apprendre quelque chose... je vais vous apprendre d'abord que j'ai rencontré hier votre mari, au théâtre du Palais-Royal...

Mme COQUELET. Au théâtre du Palais-Royal, grand ciel!... il m'avait dit qu'il allait à une réunion d'actionnaires!...

ARTHUR. Du Palais-Royal?

Mme COQUELET. Non... une société industrielle.

ARTHUR. Oui, madame... c'est au théâtre précité que votre époux est venu me dire très-gaillardement: Otez-vous de là que je m'y mette!... J'ai refusé... il a insisté... bref, de politesse en politesse, une gifle a été donnée et reçue.

Mme COQUELET. Par vous?

ARTHUR. Reçue par moi... donnée par votre iconoclaste de mari... et je viens pour lui en demander raison... C'est bien sa carte, voyez.

Mme COQUELET, *lisant et gardant la carte.* « Anatole Coquelet. »

ARTHUR. « Maubuée, 15. »

Mme COQUELET. C'est bien ça; ainsi il me trompait! O vengeance...

ARTHUR. Vous serez servie à souhait, car j'ai l'intention de lui mettre pas mal de lame.

Mme COQUELET. Ce n'est pas ça qui m'inquiète!... Monsieur Coquelet est un ancien militaire, qui a eu le nez gelé en Russie, et vous ne serez ni le premier ni le dernier, malheureusement, qu'il aura tué.

ARTHUR. Ah! monsieur Coquelet est un ancien militaire?

Mme COQUELET. Oui, monsieur.

ARTHUR. Qui a eu le nez gelé en Russie?

Mme COQUELET. Oui, monsieur.

ARTHUR, *à lui-même.* Eh bien, tant mieux, s'il a le nez gelé, j'ai les oreilles chaudes... (*Haut.*) Madame, puisque votre mari n'est pas là, je reviendrai...

Mme COQUELET. Le plus tôt possible, monsieur; je tiens à le confondre.

* Mme Coquelet, Arthur.

ARTAUR, *saluant.* Oh! soyez calme, madame!...

Mme COQUELET. A bientôt! (*Elle l'accompagne.*)

ARTHUR. Couvrez-vous, je vous prie!...

ENSEMBLE.

Mme COQUELET.

Air du *Philtre.*

Cet étranger croit, sur mon âme,
Pouvoir effrayer ma moitié;
Mais Coquelet est fine lame,
Et le frappera sans pitié!

ARTHUR.

Je reviendrai bientôt, madame,
Mais dites à votre moitié
Que je suis une fine lame,
Qui ne se mouche pas du pié.
Son nez a subi la gelée...
Il doit s'attendre à tous moments
A voir venir la dégelée...
Il ne l'attendra pas longtemps!

ENSEMBLE.

ARTHUR.

Je reviendrai, etc.

Mme COQUELET.

Cet étranger croit, sur mon âme, etc.

(*Arthur sort.*)

SCÈNE VI.

Mme COQUELET, seule.

Ah! il était au théâtre du Palais-Royal... en partie fine, sans doute... (*Avec fureur.*) Oh! si j'en étais sûre... (*Se radoucissant.*) Mais, modérons-nous, et accumulons les preuves. Ce gibus m'a semblé contenir un corps étranger dans sa garniture... explorons-le... (*Elle cherche.*) Un papier... une lettre, peut-être? Non, une note de restaurateur; total, vingt-sept francs cinquante centimes. Un homme qui refuse de me mener dîner à quarante sous, sans supplément... quelle horreur. Ah! le voici... (*Elle met le chapeau crânement sur sa tête.*) A nous deux!...

SCÈNE VII.

COQUELET, Mme COQUELET.*

Mme COQUELET. Approchez, monsieur, approchez...

COQUELET, *souriant.* Qu'as-tu donc, Pulchérie?... Tu as l'air d'une amazone!

Mme COQUELET. Monsieur Coquelet, écoutez bien ce que je vais vous dire...

COQUELET. J'écoute, Pulchérie.

Mme COQUELET. Vous êtes un polisson.

COQUELET. Pulchérie, vous outragez bénévolement votre mari... (*A part.*) Aurait-elle fait quelque fâcheuse découverte?

Mme COQUELET. Ah! je vous outrage bénévolement; alors, justifiez-vous... que signifie ce cure-dents?

COQUELET. Ce cure-dents?

Mme COQUELET. Oui, vous savez bien qu'il n'en entre jamais ici...

COQUELET. C'est vrai; c'est un de mes amis qui me l'a prêté.

* Coquelet, Mme Coquelet.

Mme COQUELET, *à part*. Contenons-nous...
(*Haut.*) Et cette note de restaurateur !

COQUELET, *à part*. Elle a fait une battue générale.

Mme COQUELET. Eh bien !

COQUELET. Cette note ?

Mme COQUELET. Oui... pain, pour deux ; beefsteack, pour deux ; perdreau aux truffes, pour deux ; et deux melons... vous n'étiez pas seul ?

COQUELET, *à part*. Je suis pris !... (*Haut.*) Eh bien, non, Pulchérie, je t'avoue que je n'étais pas seul !

Mme COQUELET. Et vous étiez avec ?...

COQUELET. Un ami !...

Mme COQUELET. Au féminin ?...

COQUELET. Au masculin !...

Mme COQUELET. Son nom !...

COQUELET. Longjumeau. (*A part.*) Bah !

Mme COQUELET, *à part*. Je le saurai !...

COQUELTE, *de même*. Je le préviendrai ! (*Il remonte.*)

Mme COQUELET. Et pourquoi m'avez-vous fait un mystère de ce dîner ?...*

COQUELET. Parce que c'était un pari qu'il m'avait gagné... oui, un dîner à discrétion... Et comme Longjumeau n'avait pas été discret, je craignais tes reproches !..

Mme COQUELET. Je crois bien : vingt-sept francs cinquante centimes ! (*Négligemment.*) Et en sortant de dîner, vous êtes sans doute allés au spectacle ensemble ?... (*A part.*) C'est ici que je l'attends !

COQUELET. Moi, Pulchérie, aller au spectacle sans toi !... Tu sais bien, d'ailleurs, que j'étais à ma réunion d'actionnaires !...

Mme COQUELET. Anatole !... vous mentez !... Vous êtes allé au théâtre du Palais-Royal, où vous avez eu une querelle, et où vous avez souffleté un jeune homme !...

COQUELET. Par exemple !... moi... au théâtre du Palais-Royal !... Quel est le blanc-bec qui t'a conté cette bourde ?

Mme COQUELET. Qui ?... le jeune homme giflé...

COQUELET. Lui !... Ah ! je ne serai pas fâché de faire sa connaissance pour lui faire dire la vérité !... Ah ! je lui ai donné un soufflet !... c'est possible... Seulement, il s'est trompé de jour... Ce n'était pas hier, ce sera aujourd'hui !...

Mme COQUELET. Ainsi, vous niez ?...

COQUFLET. Certes, je nie !...

Mme COQUELET. Et si ce jeune homme vient pour vous demander raison ?...

COQUELET. Je le jetterai, devant toi, par la fenêtre... Rassure-toi... après explication... Je ne détruirai la preuve du délit que lorsque je serai complétement justifié !...

Mme COQUELET. Ah ! Anatole, si tu disais vrai !... Mais, non, tu me trompes encore... (*Elle pleure.*)

COQUELET. Allons, voyons, Pulchérie, calme-toi... Je suis léger, c'est vrai ; mais mon cœur n'a pas cessé d'être de braise pour toi !... Que diable ! tu le sais bien !

Mme COQUELET. Oh ! Anatole !... vous êtes bien changé !...

COQUELET. Non, je suis toujours le même...

* Mme Coquelet, Coquelet.

je suis toujours ton petit Totole... Tiens... pour te le prouver. (*Il l'embrasse.*)

Mme COQUELET. Ah !

COQUELET, *à part*. Dans ces occasions-là, il faut employer les grands moyens. (*Haut.*) Tu me rends toute ta confiance, Pulchérie ?

Mme COQUELET. Oh ! oui... toute. (*A part.*) Je vais de ce pas chez monsieur Longjumeau pour savoir s'il est vrai qu'ils ont dîné ensemble.

ENSEMBLE.

AIR :

Plus de crainte, je pense,
Plus de soupçons jaloux !
La douce confiance
Va régner entre nous.

SCENE VIII.

COQUELET, *seul*.

Si elle savait que monsieur Longjumeau était représenté à ce dîner par mademoiselle Amanda, choriste du Théâtre Italien... mon affaire serait bonne... Du reste, mademoiselle Amanda accepte mes soins et mes dîners, c'est vrai ; mais en tout bien tout honneur !... Non... vrai... je le dirais... Mais quel peut être ce monsieur qui prétend qu'hier, au théâtre du Palais-Royal... j'aurais pu prouver l'alibi ; mais comme l'alibi c'était Amanda, vous comprenez que je préfère attendre le champion de pied ferme... d'autant plus qu'on ne le craint pas le champion !... Quand on a eu le nez gelé en Russie !... Voyons, cherchons donc !... Oh ! sapristi ! il me vient une idée !... Il y a un certain major, que je ne connais pas, qui rôde, dit-on, autour d'Amanda ; il aura pris le premier prétexte venu pour s'introduire chez moi et me chercher querelle... C'est cela même ! c'est le major... ça ne peut être que le major... (*On entend du bruit.*) Une voix étrangère ; c'est sans doute celle du major... Ciel !... si ma femme !... (*Il regarde par la fenêtre.*) Ah ! je respire... elle s'éloigne à pas précipités dans la rue.

ROSINE. La personne qui est venue ce matin est là et demande à parler à monsieur.

COQUELET. Faites entrer. (*Arthur entre.*)

SCÈNE IX.

COQUELET, ARTHUR.*

COQUELET. Soyez le bienvenu.

ARTHUR. Pardon si je vous dérange, mais... (*Il a l'air de chercher quelqu'un de l'œil.*)

COQUELET. Ces précautions sont inutiles... nous sommes seuls, et nous pouvons nous expliquer en toute liberté, major.

ARTHUR, *à part*. Pourquoi, diable, m'appelle-t-il major ? (*Haut.*) Je désirerais parler à monsieur Coquelet.

COQUELET. Je le sais. Vous avez déjà parlé ce matin à sa femme avec une délicatesse qui vous honore.

ARTHUR, *à part*. Ce langage parlementaire... c'est sans doute un ami chargé de me faire des excuses... Il est trop tard...

COQUELET, *continuant*. Votre procédé est

* Arthur, Coquelet.

honnête... Chevalier français, vous avez prétexté d'un motif futile...

ARTHUR, *à part, montrant sa joue*. Futile !...

COQUELET, *continuant*. Et je vous en remercie, major.

ARTHUR, *à part*. Ah çà, pourquoi, diable, m'appelle-t-il major ?

COQUELET. Je connais le motif secret qui vous amène... et sans autre explication, comme il convient à des gens d'honneur, je vous offre...

ARTHUR. Des excuses, peut-être ?... Désolé ; mais...

COQUELET. Oh ! je sais que vous n'en feriez pas...

ARTHUR. Moi !... par exemple !

COQUELET. Je savais que vous vous révolteriez à cette idée ; je vous connais, major.

ARTHUR, *à part*. S'il me connaît, pourquoi diable m'appelle-t-il major ?

COQUELET. Non... je vous offre toutes les satisfactions que vous exigerez...

ARTHUR. Touchez là, monsieur ; nous commençons à nous comprendre... (*A part.*) C'est son témoin.

COQUELET. Pour répondre à votre courtoisie, on vous laissera le choix des armes, jusqu'au canon inclusivement.

ARTHUR, *à part*. J'allais vous proposer cet ustensile passablement meurtrier... C'est étonnant comme nous nous comprenons !

COQUELET.* Seulement, pour sauver les apparences, nous vous prions de dire, comme vous l'avez déjà fait, que c'est à la suite d'une querelle au Palais-Royal...

ARTHUR. Parbleu !

COQUELET. Que des cartes ont été échangées...

ARTHUR. C'est juste... (*A part.*) C'est un moyen détourné de me demander la mienne. (*Haut.*) La voici, monsieur. (*Il donne une carte.*)

COQUELET. Ce n'était pas nécessaire... A trois heures, à Bagatelle, je vous attendrai.

ARTHUR. Et moi aussi !

COQUELET. Pardon si je ne vous retiens pas plus longtemps ; mais madame Coquelet pourrait rentrer... et il faut qu'elle ignore les causes de ce duel, major.

ARTHUR. Serviteur... (*A part.*) Je m'en vais cependant sans savoir pourquoi il m'appelle major ; c'est sans doute un tic. A trois heures...

COQUELET. A Bagatelle !

ARTHUR. J'y serai.

COQUELET. Moi aussi.

SCÈNE X.

COQUELET, *puis* ROSINE.

COQUELET, *seul*. Ah ! l'affaire sera chaude. Occupons-nous d'un témoin... Eh ! parbleu, Longjumeau, mon ami Longjumeau, le brave des braves. En voilà encore un qui ne boude pas ; écrivons-lui. (*Il se met à la table, écrit à la hâte et sonne.*)

ROSINE.** Monsieur a sonné ?

* Coquelet, Arthur.
** Rosine, Coquelet.

COQUELET. Faites porter cette lettre chez mon ami Longjumeau, tout de suite.

ROSINE. Oui, monsieur.

COQUELET. Madame est-elle rentrée?

ROSINE. Non, monsieur.

COQUELET, *à part.* Parfait.

ROSINE. Elle est allé faire une visite à madame Dumesnil, la fille de monsieur Longjumeau.

COQUELET. Elle est chez Longjumeau? (*A part.*) Elle lui aura parlé du dîner; je suis un homme perdu.

ROSINE. Justement, monsieur, le voici!

COQUELET. Lui! (*A part.*) Quel espoir! (*Haut.*) Qu'il entre, ce tendre ami.

LONGJUMEAU, *entrant.* Coucou!... le voilà; et toi, comment vas-tu?*

ROSINE. Monsieur, faut-il que j'aille porter la lettre tout de même?

COQUELET, *lui arrachant la lettre.* Niaise, puisque le voilà. (*Rosine sort.*)

SCÈNE XI.

LONGJUMEAU, COQUELET.*

LONGJUMEAU. D'où vient cette agitation fébrile, mon bon? Tu m'écrivais? donne... donne.

COQUELET. Longjumeau, tu tiens ma vie entre tes mains.

LONGJUMEAU. Non, je tiens une lettre... (*Il rit.*) Ha! ha! ha!

COQUELET. As-tu vu ma femme?

LONGJUMEAU. Oui.

COQUELET, *à part.* Je suis perdu.

LONGJUMEAU. Je l'ai vue, il y a deux mois, à l'Hippodrome.

COQUELET. Je suis sauvé! Lis, maintenant; tu verras d'abord quel est le service que je réclame de toi, et puis je t'expliquerai...

LONGJUMEAU, *après avoir lu.* Tu te bats. Bigre! nous allons rire.

COQUELET. Ainsi, tu consens...

LONGJUMEAU. Je n'ai jamais refusé ce service à un ami.

COQUELET. Et tu es le mien, parce que tu es brave.

LONGJUMEAU. On le dit, on le dit.

COQUELET. Maintenant, vite un mot, avant que ma femme ne rentre. Si elle te questionne sur ta soirée d'hier, tu lui diras que tu as dîné avec moi, tu entends.

LONGJUMEAU. Connu! Ah! farceur... ah! bigre de farceur... Tu as donc fait des traits à ta Pulchérie?

COQUELET. Chut!

LONGJUMEAU. Est-elle jolie? A-t-elle des yeux noirs? J'adore les yeux noirs!

COQUELET. Chut, des yeux d'Andalouse.

LONGJUMEAU, *à part.* Comme ma Castillane. (*Haut.*) J'adore les yeux d'Andalousie et de Castille.

COQUELET. J'ai passé hier une soirée délirante, mon ami!

LONGJUMEAU. Ah! que j'aurais donc voulu être à ta place!

COQUELET. Silence, j'entends ma femme.

LONGJUMEAU. Attention... nous disons donc... avant-hier...

COQUELET. Hier.

LONGJUMEAU. Hier, nous avons dîné... où ça? où ça?

COQUELET. Chez Vachette.

LONJUMEAU. Ça suffit, je comprends, je suis dans la situation jusqu'au cou.

COQUELET. La voici.

LONGJUMEAU. Soyons fin.

SCÈNE XII.

LES MÊMES, Mme COQUELET.

Mme COQUELET. Eh! c'est ce cher monsieur Longjumeau!

LONGJUMEAU. Cette chère madame Coquelet! quel teint! quelle jeunesse! quelle beauté!... Où prenez-vous tout ça, bon Dieu? où prenez-vous tout ça?

Mme COQUELET. On se conserve comme on peut. Je viens de chez vous.

LONGJUMEAU. Désolé, belle dame, de n'avoir pas deviné votre visite... Je vous aurais attendue à genoux.

COQUELET. Est-il galant, ce satané Longjumeau!...

Mme COQUELET, *à son mari.* Plus que vous, monsieur; il a conservé les vieilles traditions, lui!

LONGJUMEAU. Oui, c'est mon genre... genre espagnol, moins la guitare et les castagnettes. (*Il rit.*)

COQUELET. Est-il gai, ce satané Longjumeau!

Mme COQUELET. Aussi, vous menez joyeuse vie?

LONGJUMEAU. Mais oui, j'ai pris pour devise : *Longue et bonne!*

Mme COQUELET. Et on fait ses petits coups à la sourdine!

COQUELET. Nous y voilà.

Mme COQUELET. On va dîner chez le restaurateur?...

LONGJUMEAU. Avec un ami.

Mme COQUELET. Comme hier, par exemple?

LONGJUMEAU. Comme hier, nous avons crânement dîné, Coquelet et moi. (*A part.*) Je suis dans la situation.

Mme COQUELET. On fait de folles dépenses?

LONGJUMEAU. Oh! trois francs quinze sous pour deux!

Mme COQUELET. Comment! trois francs quinze sous!

COQUELET, *vivement.* Eh! non! vingt-sept francs cinquante centimes : ma femme sait tout, je lui ai tout avoué.

LONGJUMEAU. Je voulais vous cacher nos folies; mais puisque Coquelet lui-même vous en a fait l'aveu... (*A part.*) Vingt-sept francs cinquante centimes! bigre! quel Balthasar!

Mme COQUELET. Après tout... quand on est à deux pour payer son écot...

LONGJUMEAU. Ça le réduit à treize francs soixante-quinze centimes pour chacun... Une fois n'est pas coutume.

COQUELET, *à Longjumeau.* Est-il drôle avec ses treize francs soixante-quinze centimes... puisque je te dis que j'ai tout avoué à ma femme.

Mme COQUELET. Monsieur Coquelet, je vous prie de ne pas vous mêler à notre conversation.

COQUELET. Je ne m'en mêle pas, Pulchérie... Seulement, je regrette que Longjumeau te fasse encore des cachotteries. (*Faisant des signes.*) Il sait aussi bien que moi que c'est à la suite d'un pari, que j'ai perdu... que j'ai payé le dîner tout seul.

Mme COQUELET, *à part.* On me trompe.

LONGJUMEAU. Comment! il vous a dit ça aussi? (*A Coquelet.*) Mais tu n'as donc rien de caché pour ta femme?... (*A Mme Coquelet.*) Figurez-vous, belle dame, que Coquelet me soutenait qu'il y avait plus loin de la Madeleine à la Bastille, que de la Bastille à la Madeleine; moi, je soutenais le contraire.... Nous avons mesuré, et, chose assez bizarre, nous avons trouvé qu'il y avait absolument la même distance... J'ai donc gagné.

COQUELET. Oui, un dîner à discrétion.

Mme COQUELET. Enfin, messieurs, l'essentiel est que vous ayez bien dîné... Voyons, monsieur Longjumeau, qu'avez-vous mangé? (*Coquelet fait des signes à Longjumeau, qui paraît fort embarrassé.*)

LONGJUMEAU. Ce que nous avons mangé? ce qu'on mange ordinairement... une foule de petites choses... au beurre... des petites histoires toutes drôlettes... avec du caviar, des achards, arrangés avec art.

COQUELET. Oui... des beefteacks aux pommes... parbleu! (*Il tire son mouchoir, une carte tombe.*)

LONGJUMEAU. Pour dessert... C'est ce que je voulais dire. (*Il remonte avec Coquelet.*)

Mme COQUELET. Ils s'entendent pour me tromper!

COQUELET. Tu as été sublime!

LONGJUMEAU. Je le crois.*

Mme COQUELET, *ramassant la carte.* Qu'est-ce que c'est que cela?

COQUELET. C'est à moi... c'est la carte de mon adversaire.

Mme COQUELET, *lisant la carte.* Mademoiselle Amanda.

COQUELET, *étonné.* Mademoiselle Amanda!

LONGJUMEAU, *à part.* Son Andalouse, sans doute... Tiens, c'est drôle! Elle porte le même nom que ma Castillane!

Mme COQUELET. Eh bien! m'expliquerez-vous ce que c'est que cette Amanda?

COQUELET, *embarrassé.* Parbleu!... c'est simple comme bonjour... cette Amanda...

LONGJUMEAU, *à part.* Venons à son secours. (*Haut, à Coquelet.*) Trop généreux ami, ne te sacrifie pas!... n'ajoute pas un mot... (*A Madame Coquelet.*) Cette Amanda, puisqu'il faut vous le dire, est la dame de mes pensées.

Mme COQUELET. Hein!

COQUELET, *à part.* Qu'est-ce qu'il dit donc?

LONGJUMEAU. J'avais chargé Coquelet d'une mission assez délicate près de cette dame, et je ne souffrirai pas qu'il soit victime de son dévouement.

Mme COQUELET. Comment cela?

LONGJUMEAU, *se rengorgeant*. La nécessité m'oblige à vous faire cet aveu... Eh bien, oui!... cette Amanda me veut du bien... je suis avec elle *à tu et à toi*, et, palsambleu! je suis veuf, je suis libre, moi, et je n'ai de compte à rendre à personne.

Mme COQUELET. Vous vous entendez encore avec mon mari!

LONGJUMEAU. Ah! madame, la duplicité n'emprunte pas un pareil langage... Voulez-vous des preuves? Tenez, voilà des lettres... lisez.

COQUELET, *à part*. Il l'entortille drôlement... quel vaurien ça fait!

Mme COQUELET, *lisant*. « Mon bijou... » (*Lisant l'adresse.*) « A M. Longjumeau, rue des Marmousets, 11. »

LONGJUMEAU. Je suis bien le bijou en question... timbré par la poste... allez toujours.

Mme COQUELET, *lisant*. « Ne venez pas ce » soir, j'ai la migraine... mais envoyez-moi » un pâté de foie gras... Le médecin prétend » que ce comestible me ferait du bien, et je » voudrais en essayer. »

LONGJUMEAU, *finissant*. « Toute à vous, » Amanda. » (*Appuyant:*) Toute à vous, Amanda... Vous voyez bien que je suis avec elle *à tu et à toi*.

COQUELET, *à part*. Amanda! c'est singulier!

LONGJUMEAU. Ça ne vous suffit pas?... Lisez encore ceci.

Mme COQUELET, *lisant*. « Mon bijou!... je » dois un terme à mon Arabe de propriétaire, » et je suis sans le sou... »

LONGJUMEAU. Sans le sou! pauvre chatte!

Mme COQUELET, *continuant*. « Pourriez-» vous me prêter trois cents francs? »

LONGJUMEAU, *finissant*. « Toute à vous, Amanda. » (*Appuyant.*) Toute à vous, Amanda. « P. S. J'étais tellement honteuse » de vous avoir demandé de l'argent, que j'ai » couru après le commissionnaire pour ra-» voir ma lettre, mais je n'ai jamais pu le » rattraper... Toute à vous, Amanda. »

COQUELET, *à part*. C'est bizarre! c'est tout à fait son style!

LONGJUMEAU. En voulez-vous encore, des preuves?

Mme COQUELET. Oh! non! Anatole, je reconnais mes torts. (*Elle se jette dans ses bras.*)

COQUELET, *à madame Coquelet*. Ah! tu m'as fait bien de la peine!... mais je ne t'en veux plus, Bibiche!

LONGJUMEAU, *essuyant une larme*. Ah! que c'est bien!... J'adore les maris qui appellent leurs femmes Bibiche... c'est bien porté... Oui, Coquelet vous pardonne... il a le cœur sensible et bon... (*à part*) et ron ron ron, petit patapon...

Mme COQUELET. Je vous laisse... en attendant madame Dumesnil, votre fille.

LONGJUMEAU. Que je vais aller quérir tout à l'heure, pour la conduire, ainsi que vous, aux Arènes Nationales.

Mme COQUELET. Toujours charmant!

LONGJUMEAU. Adieu, belle dame... Je conserve l'espoir de bientôt vous revoir, comme on dit dans les comédies. (*Madame Coquelet sort.*)

SCÈNE XIII.

LONGJUMEAU, COQUELET.*

COQUELET. Oh! Longjumeau!... laisse-moi me précipiter à tes pieds... non, à ton cou... non, à tes genoux... Je te dois plus que la vie, je te dois ma tranquillité.

LONGJUMEAU. Tu es content de moi?

COQUELET. Tu as été superbe! Quelle adresse!... quelle imagination!

LONGJUMEAU. Mais non, mon ami, je n'ai rien imaginé... Cette Amanda est bien la dame de mes pensées, dont je porte les couleurs... c'est une Castillane, originaire de Madrid.

COQUELET. Tu me rassures... car la mienne s'appelle aussi Amanda... mais elle est Andalouse... c'est la fille d'un Biscaïen.

LONGJUMEAU. Mille bombes!

COQUELET. Et où demeure-t-elle ta Castillane?

LONGJUMEAU. Copeau 9.

COQUELET. Copeau 9... comme mon Andalouse... mais, c'est la même!

LONGJUMEAU. Ça me fait cet effet-là!... L'aventure est folichonne!... Mais, voyons, dis-moi, comment la rencontras-tu?

COQUELET. Comment dis-tu?

LONGJUMEAU. Je ne te dis pas : comment dis-tu? je dis : comment la rencontras-tu?

COQUELET. Ah bien!... moi?... Eh bien, et toi?

LONGJUMEAU. Voici comme : je la rencontrai un jour près de l'Opéra... où elle est attachée en qualité de figurante.

COQUELET. Tu veux dire aux Italiens?

LONGJUMEAU. Non, à l'Opéra.

COQUELET. Mais, quand je te dis...

LONGJUMEAU. La preuve qu'elle est à l'Opéra, c'est qu'on ne la trouve que les mardi, jeudi et samedi, jours qui ne sont pas d'Opéra.

COQUELET. La preuve qu'elle est aux Italiens, c'est qu'elle n'est chez elle que les lundi, mercredi et vendredi, qui ne sont pas jours d'Italiens.

LONGJUMEAU. Eh! là bas... Ah çà, mais, c'est fort louche.

COQUELET. Ça me fait l'effet d'une conduite en partie double.

LONGJUMEAU. Continuons nos investigations... Et le dimanche?

COQUELET. Elle va dans sa famille.

LONGJUMEAU. Plus de doute...

COQUELET. Mais, alors nous sommes rivaux, et nous allons être obligés de nous couper la gorge.

LONGJUMEAU. Deux amis, se couper la gorge, par amour, pour une femme qui n'en a peut-être pas... d'amour pour nous.

COQUELET. Tu as raison... confondons plutôt notre douleur... car nous avons un rival, Longjumeau.

LONGJUMEAU. Je l'avais toujours vaguement soupçonné, Coquelet... Il y a un certain major...

COQUELET. Tu le connais?

LONGJUMEAU. Non!... mais, j'en ai ouï parler.

COQUELET. Eh bien! moi, je le connais... c'est avec lui que je me bats.

LONGJUMEAU. Le nom de ce major?

COQUELET. Je l'ignore... mais, j'y pense! c'est lui qui, au lieu de me remettre sa carte, m'a donné celle d'Amanda.

LONGJUMEAU. Quelle audace!

COQUELET. Quelle impertinence!

LONGJUMEAU. Non... c'est plutôt de la lâcheté!

COQUELET. Tu crois?

LONGJUMEAU. Nous avons une foule de gens qui font les matamores en public, et qui *fouinent* en particulier.

COQUELET. Comment?... et qui donneraient les adresses des autres pour ne pas se battre?

LONGJUMEAU. J'en connais.

COQUELET. Ah!

LONGJUMEAU. Et notre major est de ce nombre.

COQUELET. Ah! je me vengerai!

LONGJUMEAU. Tu sais ce qu'il te reste à faire... combat à mort, le pistolet d'une main, l'épée de l'autre, et le poignard aux dents, voilà mon système. Silence! ma fille!

SCÈNE XIV.

LES MÊMES, EUGÉNIE.*

COQUELET. Madame Dumesnil!

EUGÉNIE. Eh bien! mon père, je vous attends depuis une heure... Vous avez donc oublié...

LONGJUMEAU. Que je devais vous conduire aux Arènes... non, je l'ai point oublié; mais j'étais, pour le quart d'heure, occupé à faire du marivaudage avec mon ami.

EUGÉNIE. Vous m'avez obligée à venir seule ici!

LONGJUMEAU. Eh bien?

EUGÉNIE. Eh bien!... s'il faut vous le dire... un jeune homme que je rencontre sans cesse sur mes pas, dans les chemins de fer, au spectacle... m'a suivie jusqu'ici!

LONGJUMEAU *et* COQUELET. Jusqu'ici!

EUGÉNIE. Et à peine avais-je franchi le premier étage de votre escalier... (*s'adressant à Coquelet*) que j'ai cru m'apercevoir qu'il parlait au concierge.

COQUELET. Ah! c'est trop fort!... jusque chez moi... (*Il fait un mouvement.*)

EUGÉNIE. Non!... il est inutile d'être brusque envers lui!

COQUELET. Ce jeune intrigant vous intéresse donc?

* Longjumeau, Coquelet.

* Longjumeau, Eugénie, Coquelet.

LONGJUMEAU. Oui... il t'intéresse donc ?

EUGÉNIE, *bas, à Longjumeau.* Silence, mon père.

COQUELET. Ah ben, s'il se présente ici ?...

EUGÉNIE. S'il se présente ici, faites-lui comprendre poliment que des poursuites me compromettent, que je ne suis pas la femme qu'il lui faut.

LONGJUMEAU. Pourquoi tant de façons ?

EUGÉNIE. Enfin, monsieur Coquelet, dites-lui du mal de moi, si vous voulez, mais débarrassez-moi de ses importunités.

COQUELET. Croyez, madame...

LONGJUMEAU. Du tout ! c'est à moi qu'il aura affaire, et je vais...

EUGÉNIE, *à son père.* Mais c'est le jeune homme d'hier au soir... *

LONGJUMEAU, *à part.* Hein ?

EUGÉNIE. Que vous avez souffleté !... je l'ai reconnu !

LONGJUMEAU, *atterré, à part.* Oh ! la, la ! (*Haut.*) Reçois-le, mon ami Coquelet, s'il se présente, reçois-le, car tu comprends ma position... Un père dont la fille est poursuivie, et dont le jeune homme... qui... malheureusement... Reçois-le, Coquelet, reçois-le, c'est plus convenable. (*On frappe.*)

COQUELET. On frappe !...

LONGJUMEAU. On frappe !... il n'est que temps de partir pour les Arènes... Viens, ma fille, je passe devant pour t'éclairer. (*Il passe le premier, Eugénie le suit.*)

COQUELET. C'est singulier !... ce monsieur, venir jusqu'ici !

SCÈNE XV.

COQUELET, ARTHUR. **

ARTHUR, *se précipitant.* Au nom de la loi, ouvrez !

COQUELET. Mon major !

ARTHUR, *d'un air effaré, cherchant.* Où est-elle ? (*A part, apercevant Coquelet.*) Tiens ! c'est le brutal de ce matin ! (*Haut.*) Pardieu, monsieur, le hasard me sert à souhait.

COQUELET. Et moi donc, monsieur ; et moi donc ! (*Le prenant au collet.*) Je ne vous lâche plus.

ARTHUR, *le saisissant aussi au collet.* Et moi, je me cramponne à vous... Nous resterons cloués ensemble jusqu'à ce que vous m'ayez donné des renseignements...

COQUELET. Et à moi des explications...

ARTHUR. Répondez-moi... Où est-elle ?

COQUELET, *le tenant toujours au collet.* Répondez-moi vous-même.

ARTHUR, *de même.* Je vous répondrai, mais répondez-moi. Où est cette dame, qui vient d'entrer ici ?

COQUELET, *à part.* Tiens... c'est lui qui poursuit la fille de Longjumeau. (*Haut.*) Quelle dame ?

* Eugénie, Longjumeau, Coquelet.
** Arthur, Coquelet.

ARTHUR. La dame au mantelet noir et aux gants beurre frais ?...

COQUELET. Monsieur, il n'entre jamais de beurre frais chez moi...

ARTHUR. Monsieur, vous détournez la question... Peu m'importe si vous aimez le beurre frais ou non... mais il m'importe de savoir si une dame portant des gants de cette couleur est entrée ici.

COQUELET. Attendez... oui... j'y suis... Vous avez raison.

ARTHUR, *à part.* Le beurre lui revient.

COQUELET. Une dame vient, en effet, d'entrer ici.

ARTHUR, *vivement.* Et vous la connaissez ?

COQUELET. Beaucoup... c'est une dame très-distinguée.

ARTHUR, *vivement.* Oh ! ma vie pour ce mot-là, monsieur, ma vie !

COQUELET, *à part.* Peste ! comme il prend feu ! (*Haut.*) Oui, jeune homme... Cette dame a un talent distingué pour coiffer nos élégantes.

ARTHUR. Coiffer qui ? Coiffer qui ?

COQUELET. Je vous l'ai dit : Nos élégantes... C'est la marchande de modes de ma femme.

ARTHUR. Une modiste !... Il se pourrait ?

COQUELET. Il se peut !

ARTHUR, *à part.* Oh ! qu'importe !... On a vu des modistes... (*Haut.*) Continuez.

COQUELET. C'est, du reste, une femme très-intéressante... mère de famille.

ARTHUR. Ah ! Elle a des enfants ?

COQUELET. Onze.

ARTHUR. Onze ?

COQUELET. Onze. (*A part.*) Ça ne peut pas nuire de dire cela. Est-ce tout ce que vous vouliez savoir ?

ARTHUR. Tout... J'en sais même onze fois trop... (*Il va pour sortir.*)

COQUELET, *le retenant.* A mon tour... Nous avons un petit compte à régler ensemble.

ARTHUR. Je ne l'ai pas oublié ?... Trois heures, Bagatelle, j'y serai, et moi aussi !

COQUELET. Ta ta ta... Je ne m'y laisserai plus prendre.

ARTHUR. Que signifie ?

COQUELET. Cela signifie que je ne veux plus être votre dupe, major.

ARTHUR, *à part.* Bon ! Voilà le major qui va recommencer... (*Haut.*) Monsieur, je veux bien m'expliquer avec vous, mais je vous prie d'en finir avec ce nom de major... Appelez-moi sergent, si vous voulez, mais, de grâce, supprimez le majorat.

COQUELET. Eh quoi ! vous n'êtes pas major ?

ARTHUR. Sergent, oui... dans la garde nationale... Mais major, non... Je n'ai pas même été sergent-major.

COQUELET. Eh quoi ! vous n'êtes pas venu chez moi, ce matin ?

ARTHUR. Chez vous !

COQUELET. Me chercher querelle.

ARTHUR. A vous ! Je ne vous connais pas !

COQUELET. Eh quoi ! non content de

poursuivre les modistes sur le bitume du boulevard, vous n'êtes pas encore amoureux de mademoiselle Amanda ?

ARTHUR. L'Amanda en question m'est totalement étrangère.

COQUELET. Alors, pourquoi m'avez-vous laissé sa carte en place de la vôtre ?

ARTHUR. Comment ! je vous ai laissé ? C'est, parbleu, vrai ! On n'est pas plus étourdi que ça... Monsieur, je déplore cette erreur, et je vous prie d'en agréer mes excuses.. Vous les agréez ?... Merci... Voici le fait dans toute sa simplicité... J'avais reçu cette carte d'un de mes amis, et je l'avais mise dans ma poche, avec les miennes, avant de me présenter ici, chez madame Coquelet.

COQUELET. Ma femme !

ARTHUR. Non... pas votre femme. . La femme au Coquelet... au nez gelé.

COQUELET. Mais le nez gelé, c'est moi !

ARTHUR. Vous ? mais non, le nez gelé c'est l'homme d'hier, à l'orchestre du Palais-Royal... vous connaissez bien l'affaire... puisque vous êtes son témoin...

COQUELET. Témoin de qui ?

ARTHUR. De monsieur Coquelet.

COQUELET. Mais puisque Coquelet c'est moi !

ARTHUR. Vous Coquelet... Allons donc !

COQUELET. Comment, allons donc !

ARTHUR. Mais si vous étiez Coquelet, c'est vous qui m'auriez calotté...

COQUELET, *avec chaleur.* Calotté qui ?

ARTHUR, *exaspéré.* Calotté moi... vous donner calotte à moi... Que diable j'emploie le langage Bengali pour mieux me faire comprendre...

COQUELET, *de même.* Eh bien, monsieur, je vous déclare dans le même idiôme que moi, pas donner calotte à vous...

ARTHUR. Je le sais bien... mais... pourquoi vous remettre carte à moi... Coquelet... Voyez !

COQUELET. Ma carte !

ARTHUR. Voilà où est l'erreur... Voilà où est la double erreur... Vous êtes l'homme à la carte... et vous n'êtes pas l'homme à la calotte... mais moi j'ai un soufflet en trop... et il faut que ça se retrouve...

COQUELET. Attendez... major... non, sergent... j'y suis... Il y a des lâches qui donnent les cartes de leurs amis...

ARTHUR. Ah ! bah !

COQUELET. Et vous êtes tombé sur un de ces lâches.

ARTHUR. Tombé... c'est-à-dire que c'est lui qui...

COQUELET. Tout s'explique à présent... votre visite chez moi... mon quiproquo de major... sergent, je vous rends mon estime.

ARTHUR. Je l'accepte.... Embrassons-nous donc, et qu'il ne soit plus question de cette déplorable affaire.

COQUELET. Qu'il en soit plus que jamais question, au contraire.

ARTHUR. Comment... ce duel ?...

COQUELET. Il aura lieu.

ARTHUR. Mais ça n'a pas de but, ça n'a pas de sens, ça n'a pas de sel !

COQUELET. Nous nous battrons tous les deux contre celui... qui a usurpé mon nom.

ARTHUR. Ah ! je comprends.

COQUELET. Nous nous battrons contre l'infâme qui est cause que mon ménage, que mon intérieur a été troublé.

ARTHUR. Et moi, mon extérieur.

COQUELET. Nous le retrouverons ce brigand !

ARTHUR. Mais, j'y pense... si nous allions au Palais-Royal?... Il y a eu un procès-verbal dressé. Il a dû donner son nom, son adresse.

COQUELET. Vous avez raison... nous le pinçons.

ARTHUR. Nous le harponnons, et nous l'expédions.

COQUELET, *ôtant sa robe de chambre.* Allons !

ARTHUR. Partons !

ENSEMBLE.

Air *du Châlet.*

Courons tous deux après l'infâme !
Et qu'une noble et même ardeur
Nous électrise et nous enflamme !
Malheur à lui ! trois fois malheur !

(Ils sortent tous deux par le fond.)

ACTE III.

Chez M. Longjumeau.

Un salon. — Panoplies de chaque côté de la porte du fond, portes latérales à droite et à gauche. Une table à droite. Chaises, fauteuils.

SCÈNE PREMIÈRE.

LONGJUMEAU, EUGÉNIE, *assise près de la table.*[*]

LONGJUMEAU, *entrant.*

« Prends un siége, Nini, prends ; et sur toute chose,
» Observe exactement la loi que je t'impose : »

Écoute-moi et tais-toi.

EUGÉNIE. Je me tais et j'écoute, mon père.

LONGJUMEAU. Vous êtes veuve, ma fille... veuve à vingt ans, c'est pénible... j'ai donc fait choix, pour vous, d'un nouveau gendre, selon mes goûts et entièrement approprié à mon caractère.

EUGÉNIE. Mais, mon père...

LONGJUMEAU. Ne m'interrompez pas, le moment est solennel... j'ai choisi pour succéder dans votre cœur à feu monsieur Dumesnil, monsieur Arthur Flanchard, le fils d'un de mes amis de Châlons-sur-Saône.

EUGÉNIE. Mais, mon père...

LONGJUMEAU. Ne m'interrompez pas ; le moment n'a pas cessé d'être solennel... Ce jeune homme doit se présenter ici... quand ? je l'ignore... mais vous comprenez qu'il a

[*] Longjumeau, Eugénie.

droit à tous vos égards... j'exige donc que vous soyez piquante, agaçante...

EUGÉNIE, *se levant.* Ah ! permettez, mon père, je suis veuve, indépendante !*

LONGJUMEAU. Vous êtes ma fille, et vous me devez obéissance... Vous avez épousé malgré moi monsieur Dumesnil, avec lequel, je vous le disais, vous ne pouviez espérer de bonheur durable...

EUGÉNIE. Cependant...

LONGJUMEAU. La preuve, c'est qu'il est mort...

EUGÉNIE. Mais, mon père, si je vous disais que celui que vous me destinez, je ne l'épouserai pas ?

LONGJUMEAU. Vous l'épouserez !...

EUGÉNIE. Oh ! non !

LONGJUMEAU. Vous l'épouserez !

EUGÉNIE. Je ne l'épouserai pas !

LONGJUMEAU. Vous l'épouserez !... Eugénie ! la moutarde me monte dans les régions ordinairement habitées par le tabac... Sortez ! ou je ne réponds plus de moi !...

ENSEMBLE.

Air *du Siége de Corinthe.*

LONGJUMEAU.

Une fille braver son père !
Et l'accabler de ses refus !
Mais qu'elle craigne ma colère,
Car je ne me possède plus.

EUGÉNIE.

Je dois résister à mon père,
Car ce mariage, au surplus,
Dans aucun cas ne peut me plaire...
Je suis libre dans mes refus.

(Eugénie sort.)

SCÈNE II.

LONGJUMEAU, *seul.*

Ah ! je briserais volontiers ces meubles, s'ils n'étaient pas à moi !... Je casserais non moins volontiers toute ma porcelaine, si je ne craignais de me porter un préjudice notable... Que faire?... que dire au fils de mon ami Flanchard, de Châlons-sur-Saône, lorsqu'il se présentera ?

SCÈNE III.

LONGJUMEAU, COQUELET.[**]

COQUELET. Ah ! je te trouve...

LONGJUMEAU. L'heure de la vengeance aurait-elle sonné ?... Et le major...

COQUELET. Ah ! bien, oui... il n'est plus question de major. Nous avons été dupes d'un mystificateur.

LONGJUMEAU. Ah bah !

COQUELET. Oui, d'un lâche qui, après avoir insulté mon adversaire, au théâtre du Palais-Royal...

LONGJUMEAU. Du Palais-Royal ! (*A part.*) Mais c'est mon homme...

[*] Eugénie, Longjumeau.
[**] Longjumeau, Coquelet.

COQUERET, *continuant.* Lui a donné une fausse adresse, la mienne.

LONGJUMEAU. La tienne !... (*A part.*) C'était la carte de Coquelet. Ça se complique !

COQUELET. Quel gredin, hein ?

LONGJUMEAU. Ah ! que c'est petit !... ah ! que c'est donc petit !... Après ça, il y a une foule de gens qui croient donner leur adresse, et qui donnent celle d'un autre... par erreur !

COQUELET. En ce cas, une erreur n'est pas permise... et si c'est une erreur, il la payera cher ; car nous le trouverons, lui ou moi !...

LONGJUMEAU. Qui ça, lui ou moi ?

COQUELET. Lui !... celui que je prenais pour le major.

LONGJUMEAU. Ah ! vous êtes deux à le chercher maintenant !

COQUELET. Et nous en voulons chacun un morceau. Je réclame le meilleur... Comme dans le poulet, je me réserve l'aile... je ne veux pas le tuer, je veux l'estropier.

LONGJUMEAU. Seulement ?

COQUELET. Seulement.

LONGJUMEAU. Tu es trop bon... tu es infiniment trop bon !... Et c'est sur moi que tu comptes pour t'aider dans cette opération... chirurgicale ?

COQUELET. Toujours.

LONGJUMEAU, *à part.* Anthropophage, va !

COQUELET. Mon nouvel ami a des données sur notre homme.

LONGJUMEAU. Bah !

COQUELET. Oui, nous sommes déjà allés au théâtre, pour savoir si le procès-verbal faisait mention du nom du quidam.

LONGJUMEAU, *à part.* Je suis flambé !

COQUELET. Mais le bureau n'est ouvert que le soir.

LONGJUMEAU, *à part.* Je respire.

COQUELET. Alors, j'ai envoyé mon ami à la Préfecture... et il y est... je vais le retrouver... Oh ! nous attraperons notre homme !

LONGJUMEAU. Paris est grand... et vous aurez bien de la peine...

COQUELET. Nous avons le signalement du drôle... C'est un homme assez gros, vieux, chauve... (*Longjumeau se couvre*) très-laid ; (*Longjumeau rit*) riant toujours bêtement... (*Longjumeau devient sérieux.*) Sois tranquille, nous le trouverons.

LONGJUMEAU. Tu crois ?

COQUELET. J'en suis sûr... Tiens-toi prêt ; à bientôt.

Air *de la Reine de Chypre.*

Oui, sans bravade,
Mon camarade,
Mon cher Pylade
Sois mon second !

LONGJUMEAU.

Sur ma présence,
Ma vigilance
Et ma prudence,
Compte, mon bon !

(*A part.*)

Non, je ne puis le nier,
Son second !... ça n' me va guère !

J'ai bien peur dans cette affaire
De devenir le premier.

REPRISE, ENSEMBLE.

(Coquelet sort.)

SCENE IV.

LONGJUMEAU, puis BAPTISTE.

LONGJUMEAU, seul, agité. Mais je suis perdu ! mais s'il me découvre, je suis haché menu comme chair à pâté ! Et il veut encore que je sois son témoin !... car, enfin, si je suis son adversaire, je ne puis être son témoin !... Mais je connais Coquelet... il se battra... il est fort à l'épée, le gueux !... il m'embrochera ! Ah ! je suis inquiet !... Baptiste !

BAPTISTE, entrant.* Monsieur ?

LONGJUMEAU. Mon barbier doit-il venir ?

BAPTISTE. Dans un instant il sera chez vous.

LONGJUMEAU. C'est bien ; vous me préviendrez aussitôt son arrivée. (Baptiste sort.) Mon barbier est très-fort à l'épée... il me donnera une leçon... il m'apprendra une botte secrète. En attendant, voyons... (Il décroche deux fleurets et deux masques.) Ce fleuret... ce masque... (Il se masque.) Une, deux, touché !... une, deux, touché encore ! Comme c'est facile quand on est seul ! (Il s'escrime contre le mur.) Une, deux !

BAPTISTE, rentrant.** Monsieur...

LONGJUMEAU. Là, Baptiste, touché !

BAPTISTE. Vous me chatouillez, monsieur.

LONGJUMEAU. Oh ! que voilà un homme avec lequel j'aurais envie de me battre... il ne se défend pas, et il dit que je le chatouille. Là, là...

BAPTISTE. Mais, monsieur, on vous demande au salon.

LONGJUMEAU, s'arrêtant. Qui ça? qui ça? Je n'y suis pas... pour les figures étrangères.

BAPTISTE. C'est monsieur Gratignard, votre propriétaire.

LONGJUMEAU. C'est pour son loyer... j'y vais... Je lui demanderai des réparations les armes à la main... Vous ferez attendre mon barbier, et vous lui direz que je remplace mon jour de barbe par une leçon d'escrime. (Il sort avec son masque et son fleuret.)

SCÈNE V.

BAPTISTE, puis ARTHUR.***

BAPTISTE, seul. Est-il drôle, monsieur, aujourd'hui !

ARTHUR. Monsieur Longjumeau, S. V. P.?

BAPTISTE. Il n'y est pas... pour les figures étrangères.

ARTHUR. Domestique, ta franchise ou ta bêtise me plaît. Tiens, voilà vingt francs pour te récompenser.

BAPTISTE, regardant la pièce. Ce n'est que vingt sous.

* Baptiste, Longjumeau.
** Baptiste, Longjumeau.
*** Arthur, Baptiste.

ARTHUR. N'importe... garde... je ne reviens jamais sur une erreur... Puisque monsieur Longjumeau est chez lui, j'attendrai qu'il rentre.

BAPTISTE. C'est différent. Si monsieur veut s'asseoir...

ARTHUR, déjà assis. Tu vois, domestique, que je n'ai pas attendu ton invitation.

BAPTISTE, en sortant. C'est égal, ce n'est que vingt sous que vous m'avez donné.

ARTHUR. Ah ! me voici donc chez mon futur beau-père ; car, hélas ! j'ai dit adieu aux rêves que j'avais formés !... Modiste ! et onze enfants !

AIR de Préville et Taconnet.

Quel coup ! quelle déception !
Cette femme, par moi trouvée,
M'emporte mes illusions !
Non, non, ce n'est plus là l'ange que j'ai rêvée !
Modiste !... et de plus, elle a,
Pour aggraver encor ma peine,
Onze enfants !... Ah ! je le sens là,
Elle n'aura pas la douzaine.

Règle générale : ne jamais croire aux anges inconnus qu'on rencontre dans les coupés... Ah çà, le beau-père tarde bien... (Apercevant les masques et les fleurets.) Tiens !... il paraît qu'il en pince, lui aussi ! Si je me refaisais la main en l'attendant ! (Il met le masque, le gant et s'escrime.) Holà ! houp ! (Longjumeau rentre avec son masque et reçoit un coup de fleuret en pleine poitrine.)

SCÈNE VI.

ARTHUR, LONGJUMEAU.*

LONGJUMEAU. Ah ! bigre de farceur ! (A part.) Mon barbier est déjà en tenue. (Il se met en garde.)

ARTHUR, à part. Hein ! quel est ce monsieur ?

LONGJUMEAU, ferraillant. Défendez-vous, mon bon, défendez-vous ! (Il le pousse vivement.)

ARTHUR. Ah çà ! monsieur, aurez-vous bientôt fini ?

LONGJUMEAU, à part. Je croyais mon barbier plus fort que ça. (Il le pousse plus vivement encore.)

ARTHUR, à part. Est-il enragé, donc !

LONGJUMEAU. Ne me ménagez pas..... poussez-moi quelque botte secrète.

ARTHUR, à part. Ah ! tu ne veux pas que je te ménage ! Attends... attends !... (Il le pousse très-vivement à son tour.)

LONGJUMEAU, à part. Hé ! hé ! hé ! il est plus fort que je ne croyais.

ARTHUR. Touché ! une fois !... touché ! deux fois !... touché ! trois fois !...

LONGJUMEAU. Assez... sacrebleu !... assez ! je demande une suspension d'armes..... Fichtre ! comme vous y allez !

ARTHUR. Vous m'avez dit de ne pas vous ménager.

LONGJUMEAU. Ah ! sacrebleu ! que vous

* Longjumeau, Arthur.

êtes fort ! que vous êtes donc fort ! Qu'est-ce que vous avez de salle ?

ARTHUR. Moi ?... Je n'ai rien de sale.

LONGJUMEAU. De salle... d'armes ?

ARTHUR. Pardon !...

LONGJUMEAU. Est-il plaisant, ce satané barbier !

ARTHUR, à part. Il me prend pour son barbier... je vais bien l'étonner... Préparons-nous à l'étonner. (Haut.) Monsieur, voulez-vous me permettre de m'asseoir ?

LONGJUMEAU. Vous êtes fatigué ? Asseyons-nous et ôtons nos masques. (Ils s'asseyent à califourchon, chacun sur une chaise, en face et près l'un de l'autre.)

ARTHUR. Non, gardons-les, c'est une fantaisie... J'ai l'intention de produire un effet de théâtre en ôtant le mien, et de causer sur vos sens une aimable surprise.

LONGJUMEAU. Je ne comprends pas, mais je vous passe cette fantaisie.

ARTHUR. C'est à monsieur Longjumeau que j'ai l'honneur de parler ? (Ils se lèvent.)

LONGJUMEAU. Lui-même. (Ils font le salut du fleuret, à part.) Farceur de Figaro, va !

ARTHUR. Monsieur, permettez-moi de vous adresser une question... Aimez-vous les émotions agréables ?

LONGJUMEAU. Je ne m'en défends pas... je les recherche.

ARTHUR. Eh bien ! je vais vous en procurer une ; au lieu du barbier que vous croyez caché sous ce masque, j'ai l'honneur de vous présenter monsieur Arthur Flanchard, de Châlons-sur-Saône.

LONGJUMEAU. Mon futur gendre !

ARTHUR. Lui-même. (Ils se lèvent, se font le même salut, et s'embrassent avec leurs masques.)

LONGJUMEAU. Ah ! l'aventure est bizarre ; vous avez raison, monsieur, vous me causez une surprise fort agréable.

ARTHUR. J'ose espérer qu'elle vous sera plus agréable encore, quand vous verrez ma figure... (Mettant le gant de Longjumeau, qu'il lui prend à la main.) Et sans attendre davantage, je vous demande la main de votre fille.

LONGJUMEAU, qui s'est levé. Je vous l'accorde, monsieur, sur la vue du buste... du buste, seulement.

ARTHUR. Cette confiance m'honore, et pour vous prouver que j'en suis digne ; regardez... (Il ôte son masque.)

LONGJUMEAU. Juste ciel ! le citoyen que j'ai giflé !

ARTHUR, à part. Est-ce qu'il me trouverait laid, par hasard ? (Haut.) Eh bien, que dites-vous de cet œil ? de ce nez ? et des accessoires ?

LONGJUMEAU, à part. Je vais déguiser mon organe ! (Haut.) Parfait, monsieur, parfait.

ARTHUR. Mais ôtez donc votre masque...* que je fasse connaissance à mon tour avec le facies de mon futur beau-père.

LONGJUMEAU. Permettez, monsieur ; la nature m'ayant privé des avantages physi-

* Arthur, Longjumeau.

ques, dont elle vous a si généreusement gra-
tifié, ma figure désire garder l'anonyme
encore quelques instants.

ARTHUR, *à part.* Il est laid, allons, il est
laid.

LONGJUMEAU. Passez-moi temporairement
cette coquetterie.

ARTHUR. A votre aise!

LONGJUMEAU. Non, ne croyez pas que je
sois à mon aise.

ARTHUR. Au point où nous en sommes,
papa beau-père. (*Il lui frappe sur le ventre.*)

LONGJUMEAU. Ne frappez pas sur cette
partie de moi-même, elle est très-sensible.

ARTHUR, *lui frappant sur l'épaule.* Oh!
ça m'est égal... là ou ailleurs.

LONGJUMEAU, *à part.* Cet homme est d'un
brusque!

ARTHUR, *continuant.* Je dois vous faire
une confidence... En arrivant à Paris, avant-
hier, j'ai eu une querelle avec un drôle, un
malotru; j'ai été insulté et je le cherche pour
lui en demander raison.

LONGJUMEAU. Vous le cherchez?

ARTHUR, *lui frappant sur le ventre.* Oui,
et j'arrive de la Préfecture.

LONGJUMEAU. De police?

ARTHUR. De police; malheureusement, il
avait négligé de donner son nom et son
adresse.

LONGJUMEAU. En effet, je me rappelle...

ARTHUR. Vous dites?

LONGJUMEAU. Rien.

ARTHUR. Mais quand je le pincerai... et
je le pincerai... (*il pince le bras de Longjumeau*) il sera bien pincé. En attendant, il
me faut un témoin, un gaillard, ces petits
ustensiles... (*montrant les armes*) me prou-
vent que vous feriez admirablement mon
affaire...

LONGJUMEAU, *à part.* Comment! lui aussi!

ARTHUR, *lui frappant sur le ventre.* Ça y
est-il?

LONGJUMEAU. Frappez ailleurs, grand ciel,
frappez ailleurs.

ARTHUR, *lui frappant sur l'épaule.* Ça y
est-il?

LONGJUMEAU. Eh bien! oui, je serai votre
témoin; je vous donnerai ma fille; je ferai
tout ce que vous voudrez... (*A part.*) Débar-
rassons-nous-en à tout prix.

ARTHUR. A charge de revanche, beau-
père; si jamais vous avez besoin de moi,
vous savez que je suis bon là. (*Il se fend.*)

LONJUMEAU. Je sais que vous êtes très-
fort... (*à part*) beaucoup trop fort.

BAPTISTE, *entrant.* Le barbier de monsieur est là. *

LONGJUMEAU. C'est bien, j'y vais.

ARTHUR. Vous ne voulez pas vous faire
raser devant moi?

LONJUMEAU. Non, monsieur, non; monsieur, passez-moi temporairement cette coquetterie! (*A part.*) Je vais faire mes malles,
je pars et je m'interne à Bruxelles.

ARTHUR. Ainsi, c'est bien convenu, je puis

* Baptiste, Arthur, Longjumeau.

compter sur vous comme témoin... Je cours
à la poursuite du drôle!

LONGJUMEAU. Au revoir, jeune Châlon-
lonnais, au revoir.

ENSEMBLE.

Air *de l'Elisir d'amore.*

LONGJUMEAU.
Sous prétexte de toilette,
Il m'évite un embarras...
Il ne connaît pas ma tête
Et ne la connaîtra pas!

ARTHUR.
Quand sa barbe sera faite,
J'espère bien en ce cas,
Qu'il me fera voir sa tête,
Car je ne la connais pas.

SCÈNE VII.

ARTHUR, *puis* EUGÉNIE.

ARTHUR, *seul.* Il est charmant, mon beau-
père... pas de figure, par exemple... Je lui
suppose une verrue sur le nez et je le gra-
tifie d'une loupe sur la paupière... Du reste,
je ne le trouverai jamais plus laid que je ne
le fais dans mon imagination.

EUGÉNIE. * Vous ici!

ARTHUR. Ciel!... mon ex-ange.

EUGÉNIE, *à part.* Lui, chez mon père!
(*Haut.*) Comment vous trouvez-vous dans
cette maison?

ARTHUR, *à part.* Ah!... une modiste!
(*Haut.*) Je vous avais donné mon cœur,
madame... mais vous l'avez désolé... dé-
chiré... et j'ai disposé des morceaux en faveur d'une autre.

EUGÉNIE. Ah!...

ARTHUR. J'épouse la fille de céans.

EUGÉNIE. La fille de monsieur Longjumeau?

ARTHUR. Elle-même.

EUGÉNIE, *avec joie.* Quoi! vraiment?

ARTHUR, *à part.* Elle paraît heureuse de
cela!... Si j'étais susceptible de regrets, je
les rengainerais...

EUGÉNIE. Mais alors... vous êtes monsieur
Arthur Flanchard?

ARTHUR. De Châlons-sur-Saône... oui,
madame! et tout ce que je puis faire pour
vous, maintenant, c'est de vous fournir
d'excellents vins de Bourgogne... au plus
juste prix... J'en tiendrai toujours pour
vous... du vin, entendons-nous.

EUGÉNIE, *riant.* Ah! ah!

ARTHUR, *à part.* Elle rit!... Oh! mais sa
joie est très-insultante... à cette mère de famille!

EUGÉNIE, *à elle-même.* Ce pauvre garçon!... Il dit qu'il ne m'aime pas... et il
veut m'épouser! (*Riant.*) Ah! ah!

ARTHUR. Encore!... mais si je le voulais...
je rirais aussi, moi, tenez. (*Il rit.*) Ah! ah!

EUGÉNIE. C'est bien, monsieur Flanchard,
épousez la fille de monsieur Longjumeau...
je ne m'y oppose pas... Soyez heureux avec
elle... vivez longtemps.

* Eugénie, Arthur.

ARTHUR. Et ayez beaucoup d'enfants...
(*A part.*) Pas tant qu'elle... je l'espère!
(*Haut.*) Oh! je m'en vais... parce que j'ai
les nerfs crispés.

EUGÉNIE, *riant.* Ah! ah!

ARTHUR. Madame, je ne vous invite pas à
ma noce.

EUGÉNIE. J'y serai peut-être.

ARTHUR. Vous?... (*A part.*) Une modiste!... Sortons, parce qu'elle me crispe!...
Onze enfants!... ah! je suis crispé! (*Il
sort.*)

SCÈNE VIII.

EUGÉNIE, *puis* LONGJUMEAU.

EUGÉNIE, *seule.* Ce pauvre jeune homme!
il ne fait plus attention à moi! il ne m'aime
plus!... Sans doute, monsieur Coquelet lui
aura fait quelque gros mensonge sur mon
compte... mais quand il saura... Ah! voici
mon père!

LONGJUMEAU, *en costume de voyage, en-
trebaillant la porte avec précaution.* Vous
êtes seule, ma fille? *

EUGÉNIE. Oui, mon père.

LONGJUMEAU. En êtes-vous bien sûre?

EUGÉNIE. Voyez.

LONGJUMEAU, *à part.* ** Il est parti!...
moi aussi, je vais partir! mes malles sont
faites. (*Haut.*) Eugénie... un besoin de lo-
comotion vient de se faire sentir en moi, ma
fille... La manie des voyages vient de me
prendre... subito. Je pars pour Bruxelles,
d'où je pousserai peut-être jusqu'à Constantinople.

EUGÉNIE. Comment! vous partez au moment de conclure mon mariage?

LONGJUMEAU. J'ai réfléchi, mon enfant,
je ne veux pas contrarier vos inclinations.

EUGÉNIE. Eh bien! moi aussi, mon père,
je ne veux pas vous désobéir... j'épouserai
monsieur Arthur Flanchard.

LONGJUMEAU. Que les femmes sont donc
bizarres... Eugénie, vous me désobéirez en
l'épousant...

EUGÉNIE. Mais c'est pour vous obéir!

LONGJUMEAU. Je ne veux plus être obéi,
là!...

EUGÉNIE. Mais, alors, mon père...

LONGJUMEAU. Mais, malheureuse enfant,
savez-vous bien qui vous voulez épouser?...
Le meurtrier de votre père!

EUGÉNIE. Lui!

LONGJUMEAU. Silence, malheureuse!...
oui, si je laisse faire cet Arthur, il me tuera
comme le Cid tua le père de Chimène... et
si vous l'épousez, on dira en vous voyant
passer tous les deux: « Tiens! voilà le Cid
» de Châlons-sur-Saône qui va se promener
» avec son époux... Et le père?... Oh! le
» père est à l'ombre, mais ils s'en fichent
» pas mal. »

Air : *T'en souviens-tu?*

Oui, cet Arthur, qu'à bon droit je surveille,
Je le connais!... Il pourrait bien, hélas!
Comme le Cid de monsieur Pierr' Corneille,
Ne voir en moi qu'un Gomez de Gormas!

* Eugénie, Longjumeau.
** Longjumeau, Eugénie.

L'existence m'est encor chère...
Ma vie à moi... j'y tiens... est-ce étonnant ?
Vous êt's ma fille, et je suis votre père...
On aim' toujours le pèr' de son enfant !

EUGÉNIE, *à part.* Pauvre père !... mais, non ! je verrai monsieur Arthur. Quoi qu'il en dise, je saurai bien... (*Haut.*) Mais on sonne.

LONGJUMEAU. N'ouvre pas !...

EUGÉNIE. Rassurez-vous, c'est monsieur Coquelet.

SCÈNE IX.

LONGJUMEAU, COQUELET.

LONGJUMEAU, *seul.* Mais c'est que je ne suis pas rassuré du tout. (*Coquelet entre.*)

EUGÉNIE. Messieurs, je vous laisse ensemble. (*Elle sort.*)

COQUELET. Es-tu prêt ?*

LONGJUMEAU. Si je suis prêt ! Me voici en costume de combat. Oui, je suis prêt... (*à part*) à partir pour Bruxelles... mais cachons notre jeu.

COQUELET. Nous tenons presque notre adversaire.

LONGJUMEAU. Vous le tenez presque ?... (*A part.*) Décidément, je pousserai jusqu'à Constantinople !

COQUELET. Je quitte à l'instant Arthur Flanchard... ton futur gendre, parbleu ! Il m'a tout raconté... et moi, qui le prenais pour le major d'Amanda !... Est-ce bizarre ?

LONGJUMEAU. Oh ! que c'est donc d'un bizarre ! (*A part.*) Je prends un train *express*, s'il le faut !...

COQUELET. Donc, Arthur... va revenir nous prendre ici...

LONGJUMEAU. Ah ! il va revenir ! (*A part.*) Comme je vais te lâcher, mon bon !

COQUELET. J'ai pensé que tu avais des armes chez toi...

LONGJUMEAU. Moi ? non !... c'est-à-dire, si ! (*A part.*) Oh ! quelle idée ! (*Haut.*) Tiens... là-bas, dans mon cabinet, au fond du corridor... cherche dans ma salle d'armes... Choisis parmi mes coupe-tête... mes cimeterres... mes yatagans !

COQUELET. Le yatagan me plairait assez...

LONGJUMEAU. Eh bien, va... prends-en deux et raiguise-les !

COQUELET. Je vais les raiguiser. (*Il sort.*)

LONGJUMEAU, *seul.* Et pendant qu'il va les raiguiser... oh ! mon Dieu, passez-moi ce jeu de mots, c'est peut-être le dernier que je commettrai dans le département de la Seine, filons pour ne pas être raiguisé nous-même. (*Il va pour sortir, lorsque Arthur entre.*)

SCENE X.

LONGJUMEAU, ARTHUR.**

ARTHUR. Ciel ! mon homme !

LONGJUMEAU, *à part.* Je suis raiguisé !...

ARTHUR. Comment te trouves-tu ici, misérable ?

* Coquelet, Longjumeau.
** Arthur, Longjumeau.

LONGJUMEAU. Injuriez-moi... mais ne me tutoyez pas !

ARTHUR. Ah ! je te tiens donc, chenapan ! ça va être chaud ! (*Il se prépare en retroussant ses manches.*)

LONGJUMEAU, *effrayé.* Vous n'avez sans doute pas la coupable intention de m'assassiner ?*

ARTHUR. Je vous demande pardon... j'éprouve ce besoin, avant de vous couper la gorge.

LONGJUMEAU. Mais, malheureux, je suis votre futur beau-père !...

ARTHUR. Vous ?

LONGJUMEAU. Isidore Longjumeau.

ARTHUR. Vous ? Longjumeau, l'estimable Longjumeau ? Vous, le brave Longjumeau ?

LONGJUMEAU. Oui, moi, l'estimable Longjumeau, le brave Longjumeau. Et vous allez commettre un *beau-parricide !*

ARTHUR. A d'autres, mon cher ! vous voudriez me faire croire que vous êtes le maître de céans ? Allons donc ! il en serait de cette fausse identité... comme des fausses cartes que vous donnez à vos adversaires... Je te connais, mon drôle ! tu es un faussaire... et les faussaires, on les égruge, on les trépigne, on s'asseoit dessus.

LONGJUMEAU. Égrugez-moi, tutoyez-moi, mais ne vous asseyez pas sur moi !

ARTHUR. Attends. (*Il le poursuit.*)

LONGJUMEAU, *courant.* A la garde !... Maman ! maman !

SCENE XI.

LES MÊMES, EUGÉNIE.**

EUGÉNIE. Mon père !

ARTHUR. Son père !... Vous, sa fille ?

LONGJUMEAU. Dis-lui mon nom, assure-le de mon individualité... hâte-toi.

EUGÉNIE. Sans doute, monsieur Longjumeau, mon père...

ARTHUR. Vous ? une marchande de modes !

EUGÉNIE. Hein ?

ARTHUR. Mère de onze enfants !

EUGÉNIE. Par exemple !

LONGJUMEAU. Mais ça n'est pas vrai, mon cher Arthur de Flanchard...*** Je suis son père Longjumeau... Elle est ma fille Eugénie, veuve Dumesnil, mais nullement marchande de modes, et encore moins mère de famille !

ARTHUR. Ça pourrait !

LONGJUMEAU. Il se peut.... Arthur de Flanchard. (*A part.*) Je lui donne du *de* pour l'adoucir !

ARTHUR. Ah ! pardon, alors, madame, d'avoir pu croire... Mais où est-il le scélérat qui vous a calomniée ? Si je le rencontrais ! si je le tenais !... ah !

* Longjumeau, Arthur.
** Arthur, Eugénie, Longjumeau.
*** Arthur, Longjumeau, Eugénie.

SCÈNE XII.

LES MÊMES, COQUELET, *chargé d'armes de toutes sortes.**

COQUELET, *à Arthur.* Ah ! vous voilà !

ARTHUR. Vous avez des armes ?... Ça se trouve bien... Donnez-les-moi. (*Il les lui prend toutes et les garde.*)

COQUELET. Tenez !

ARTHUR, *lui appuyant un yatagan sur le cou.* Maintenant que tu es désarmé, à nous deux !

COQUELET. Aïe ! vous me piquez.**

ARTHUR. Qu'est-ce que tu m'as dit de madame ?

EUGÉNIE. Je devine tout... et je vais vous expliquer...

ARTHUR. Non !... laissez-moi le tuer d'abord... C'est ma manière à moi de m'expliquer.

EUGÉNIE. Mais c'est moi, monsieur, qui ai supplié monsieur Coquelet de vous dire tout le mal possible sur mon compte.

ARTHUR. Vous ! et pourquoi ?

EUGÉNIE. J'ignorais que vous fussiez monsieur Arthur...

ARTHUR. Ah ! je devine... Pour éviter les poursuites d'un jeune homme que vous ne connaissiez pas... C'est bien, c'est très-bien... Tenez, voilà que je vous r'aime... que je vous r'estime... Mais, quant à monsieur votre père !...

LONGJUMEAU, *bas à Arthur.* Silence ! ou tu n'auras pas ma fille !...

ARTHUR, *à part.* Bigre !

COQUELET. Est-il rageur donc !... Eh ! bien ! jeune homme, au lieu de vous perforer comme j'ai l'habitude de perforer les gens qui m'insultent, je ne vous en veux pas !... Votre colère contre moi vous fait honneur... Vous êtes un brave, et j'aime les braves !... Mais, sacrebleu ! je ne vous pardonne votre vivacité qu'à une condition... C'est que nous allons dépêcher avec ces armes le camarade en question... Allons, partons !

LONGJUMEAU, *à part.* Fichtre ! je suis toujours sur le tapis !

ARTHUR, *bas à Longjumeau.* Si je vous tire de là, qu'est-ce que vous me donnerez ?

LONGJUMEAU, *bas à Arthur.* Je te donne ma fille.

ARTHUR, *de même.* Et rien avec ?

LONGJUMEAU, *de même.* Avec ses charmes.

ARTHUR, *de même.* J'accepte !** (*Haut.*) Monsieur Coquelet, j'ai des excuses à vous faire... Il est inutile de courir maintenant après le drôle, objet de nos recherches. Depuis hier...

COQUELET. Comment ?

ARTHUR. Une rencontre vient d'avoir lieu à l'instant entre lui et moi... et ma foi...

COQUELET. Vous l'avez blessé ?

ARTHUR. Fi donc ! blessé !... Je ne blesse jamais .. Je tue !

* Coquelet, Arthur, Longjumeau, Eugénie.
** Coquelet, Eugénie, Arthur, Longjumeau.
*** Coquelet, Arthur, Longjumeau, Eugénie.

COQUELET. Ah! bien! très·bien!

LONGJUMEAU, *à part.* Me voilà mort! Je puis donc vivre tranquille. (*Bas à Arthur.*) Merci, mon gendre*.

EUGÉNIE, *de même.* C'est bien, monsieur.

COQUELET. Sapristi! je suis cependant fâché qu'il soit entièrement mort... j'aurais voulu en avoir ma part... Enfin, c'est fait... mais comme je veux conserver toute ma vie une dent contre ce plat-gueux... Car c'était un plat-gueux, n'est-ce pas, Longjumeau?

LONGJUMEAU. Oui, oui... il cumulait : il était plat et gueux!

COQUELET. Donnez-moi son nom pour que je le voue à l'exécration... pendant le reste de mes jours.

ARTHUR, *embarrassé.* Son nom?...

LONGJUMEAU, *bas à Arthur.* Respect à mes cendres... Ne me trahis pas.

ARTHUR. Son nom?... Je ne puis vous le dire.

COQUELET. Quel est ce mystère?

LONGJUMEAU, *avec intérêt.* Oui... quel est ce mystère? (*Bas à Arthur.*) Ne me trahis pas.

ARTHUR. Ce mystère, le voici... Quand j'ai eu blessé ce malheureux jeune homme...

* Coquelet, Longjumeau, Arthur, Eugénie.

COQUELET. Ah! il était jeune?

ARTHUR, *essuyant une larme.* Dans la fleur de l'âge... « Épargnez, m'a-t-il dit d'une voix mourante, la honte à mes cheveux blancs...»

COQUELET. C'était donc un vieillard?

ARTHUR. Non... c'était un jeune homme... et il avait des cheveux blancs... Quoi!... tous les jours on est jeune et on a des cheveux blancs... La preuve : c'est que mon futur beau-père, qui est vieux, a des cheveux noirs... C'est clair.

LONGJUMEAU. Mon gendre a raison... j'ai des cheveux noirs, mais ils sont clairs.

COQUELET. Continuez... votre récit m'intéresse.

ARTHUR. « Jurez-moi, a-t-il ajoute, jurez pour l'honneur de ma famille, de ne pas divulguer un nom que j'ai souillé... »

COQUELET. Et vous le lui jurâtes?...

ARTHUR. Et je le lui jurâtes... c'est-à-dire, non! je le lui jurai.

COQUELET. En ce cas, n'en parlons plus!

LONGJUMEAU, *bas à Arthur.* Remerci, mon gendre.

ARTHUR. Quant à vous, mon brave monsieur Longjumeau... (*Bas.*) Je dis brave, pour eux; car, pour moi, vous êtes toujours un fouinard.

LONGJUMEAU, *bas.* C'est convenu... mais cela restera entre nous... c'est un détail de famille.

ARTHUR. Quant à vous...

LONGJUMEAU. Je n'ai plus qu'à m'occuper du bonheur de ma fille...

ARTHUR, *prenant la main d'Eugénie.* Qui, je l'espère, voudra bien s'occuper un peu du mien!

LONGJUMEAU. Et demander une dernière satisfaction au public.

LONGJUMEAU, *au public.*

AIR : *De la robe et les bottes.*

Je viens vers vous, briguant...

ARTHUR, *à part, parlé.* Hein! que dit-il?

LONGJUMEAU, *se reprenant.*

Je viens vers vous, briguant votre indulgence...

ARTHUR, *l'arrêtant.* C'est vieux!... retirez-vous... je me charge de parler à ces messieurs et à ces dames.

En ce moment, messieurs, je vous confesse
Que des auteurs je suis peu satisfait;
On me condamne, en jouant cette pièce,
A recevoir chaque soir un soufflet.
Vous le voyez, ces messieurs sont sans gêne,
Et cet outrage a droit de me piquer :
Du talion infligez-leur la peine,
Ne craignez rien : ils sont gens à claquer. (*bis.*)

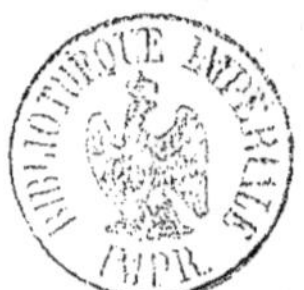

FIN.

Paris. — Imprimerie WALDER, rue Bonaparte, 44.